이브의 배꼽, 아담의 갈비뼈

이브의 배꼽, 아담의 갈비뼈

과학과 신앙의 참된 조화를 위해

초판 1쇄 찍은 날 · 2004년 4월 15일 | 초판 3쇄 펴낸 날 · 2006년 7월 20일

지은이 · 김정훈 | 펴낸이 · 김승태

편집장 · 김은주 | 편집 · 정은주, 이덕희, 권희중 | 디자인 · 노지현, 이훈혜
영업 · 변미영, 장완철 | 물류 · 조용환, 유일용
드림빌더스 · 고종원, 이민지 | 홍보 · 설지원

등록번호 · 제2-1349호(1992. 3. 31.) | 펴낸 곳 · 예영커뮤니케이션
주소 · (110-616) 서울 광화문우체국 사서함 1661호 | 홈페이지 www.jeyoung.com
출판사업부 · T. (02)766-8932 F. (02)766-8934 e-mail: jeyoungedit@chol.com
출판유통사업 · T. (02)766-8931 F. (02)766-8934 e-mail: jeyoungsales@chol.com

copyright©2006, 김정훈

ISBN 89-8350-307-6 (03230)

값 9,000원

이브의 배꼽, 아담의 갈비뼈

과학과 신앙의 참된 조화를 위해

김정훈

예영커뮤니케이션

머리글

필자가 기독교의 주변만 맴돌다가 그 진리 안으로 깊숙이 들어오게 된 데에는 창조과학의 영향이 크다. 대학에서 생물학을 전공하였기에 당연히 진화론을 배워 왔고, 또 그것이 과학적으로 검증된 사실임을 아무런 의심 없이 믿어 왔다. 그러던 중 창조과학학회를 통해 알게 된 새로운 사실들은 필자를 매우 당혹스럽게 하였고, 결국 새로운 세계관에 눈을 뜨게 하는 하나의 계기가 되었다.

이 책에 소개된 글들은 주로 필자가 미국 유학 시절에 썼던 것이다. 당시 박사 학위 논문이 한창이던 때에, 미주 한인과 해외 선교사들을 대상으로 발행되던 《크리스천 저널》에 〈창조과학 칼럼〉이라는 제목으로 글을 연재할 기회가 있었다. 바쁜 논문 준비로 아이들 얼굴 보기조차 힘들던 차에 더욱 바쁜 시간을 보내게 되었으나, 돌이켜 보면 매 회마다 하나님께서 지혜와 용기를 주셨던 은혜로운 시간들이었다. 이 책에서 다루고 있는 과학적 사실과 사회적 이슈들은 대부분 기독교 신앙과 직결되는 문제들이다. 필자는 연구 작업을 하면서 최대한 과학적 사실에 근거하되 신앙적 균형 또한 유지하려고 노력하였다. 지금 다시 한자리에 모아 책으로 펴내려고 보니 부족하고 아쉬운 부분들이 눈에 띄지만, 그래도 그 나름대로의 가치가 있을 것 같아 한 권의 책으로 내기로 하였다.

부족한 글을 읽고 출판을 허락하신 예영커뮤니케이션의 김승태 사장님께 감사의 뜻을 전한다. 본 적도 없는 유학생이었던 필자에게 귀중한 지면을 할애해 주셔서 결국 이 글들이 빛을 볼 수 있게 하신 시카고 《크리스천 저널》의 박도원 목사님과 박인덕 사모님, 그리고 박연창 집사님께도 멀리서나마 깊은 감사를 전한다. 또한 출판을 기쁨으로 독려해 주신 한국창조과학회의 김경 사무총장님과 바쁜 시간에 이 글들을 읽으시고 추천서까지 보내 주신 존경하는 김영길 한동대학교 총장님, 한국창조과학회의 송만석 회장님께도 심심한 감사의 뜻을 전한다.

늘 정신적인 힘이 되어 주는 아내는 이 글을 제일 먼저 읽고 평을 해 준 소중한 독자였다. 바쁜 아빠를 언제나 웃는 얼굴로 반겨 준 아이들에게도 고맙다는 말을 하고 싶다. 완성된 이 책을 보고 기뻐할 아내와, 아직은 잘 모르겠지만 나중에 더 크게 기뻐하리라고 믿는 아이들께 오늘 저녁에는 특별한 식사를 제안해 보고 싶다.

이 책은 과학자인 필자에게 베푸신 하나님의 큰 사랑에 대한 작은 믿음의 반응이다. 그분의 세심한 인도하심이 없었다면 이 책의 출간은 전적으로 불가능했음을 고백한다. 이 한 권의 책이 많은 사람들에게 놀라운 은혜를 체험케 하는 도구로 사용되기를 소망한다. 만물을 지으시고 우리의 찬양을 받기에 합당하신 주 여호와 하나님께 모든 영광을 올려 드린다.

김정훈
2004년

추천의 글

성경은 살아 있는 하나님의 말씀이다. 그 첫 구절은 다음과 같이 시작한다. "태초에 하나님이 천지를 창조하시니라" 이 창조의 메시지는 바로 하나님께서 우주의 통치자이시며, 이 우주와 그 안에서 일어나는 모든 역사의 주인 되심을 선포하는 위대한 말씀이다. 이를 마음으로 믿고 받아들이면 그 뒤에 이어지는 모든 내용을 하나님의 말씀으로 믿는 것에 아무런 어려움이 없다.

진화론은 창조의 사실을 부인하고 결국 하나님은 없다는 무신론을 낳는 데 크게 공헌하였다. 나아가 오늘날 과학뿐만 아니라 전 학문의 영역에 영향을 끼치고 있다. 심지어는 신학에도 영향을 미쳐 하나님께서 진화의 방법으로 창조를 하셨다는 식의 유신론적 진화론까지 생겨나게 되었다. 결국 교회 안에까지 침투한 진화론적 사상은 오늘날 많은 청소년들로 하여금 신앙을 잃어버리게 하는 결정적 요소가 되고 있다.

　　이번에 김정훈 박사가 그 동안 신문지상을 통해 발표한 〈창조과학 칼럼〉 글들을 한데 모아 책으로 내게 되었다는 소식에 너무나도 반갑고 기쁜 마음으로 축하를 전한다. 그의 글들은 자연계에서 발견되는 창조의 증거들과, 진화론이 우리 사회와 신앙에 미치는 영적 해악성을 간결하면서도 힘 있는 필체로 제시한다. 과학적인 내용을 다루지만 매우 복음적이며, 크리스천 과학자로서 학문과 신앙의 조화를 잃지 않으려고 노력하는 흔적이 곳곳에 역력하다.

　　개인적으로 김 박사와는 오래 전부터 창조과학 일로 친분을 맺어온 사이로, 한국창조과학회에서 출간한 창조론적 관점에서 쓴 자연과학 개론서 『자연과학 개론』의 생물 부분을 공동 집필하였다. 김 박사는 미국 유학 중에도 교민들을 위한 라디오 방송과 기독교 신문, 그리고 교회 강연 등을 통하여 꾸준히 창조과학 사역에 매진해 오다가 최근에 하나님의 새로운 부르심으로 귀국하였다. 지난 2002년 12월에 '창조냐, 진화냐' 라는 주제로 열린 《동아 사이언스》 주최의 공개 토론에서 창조론 측 강사로 참석하는 등 매우 활발한 창조과학 사역을 하고 있는 재원이다. 평소 그를 아끼는 마음으로 그의 활동과 신앙을 오랫동안 가까이서 지켜온 바, 이번에 출간되는 믿음의 글들이 많은 사람들의 신앙 성장에 크게 도움이 될 것을 믿어 의심치 않으며, 기쁜 마음으로 이 책을 추천한다.

김영길

한동대학교 총장

추천의 글

욥은 동방 우즈라는 땅에 살던 흠 없고 정직한 사람이었다. 하나님을 사랑하고 악을 미워했으며 하나님도 인정해 주실 만큼 의로웠다. 그러던 어느 날 예기치 못한 고난을 당하면서 그의 마음속에는 하나님을 만날 수만 있다면 속에 맺힌 많은 문제들을 여쭈어 보고 싶다는 소망이 생긴다. 그러나 정작 하나님을 만나게 되자 "내가 주께 대하여 귀로 듣기만 하였삽더니 이제는 눈으로 주를 뵈옵나이다 그러므로 내가 스스로 한하고 티끌과 재 가운데서 회개하나이다"(욥 42:5-6) 하고 겸손한 고백을 하게 된다. 자신이 그렇게 확신하고 의지했던 지식과 능력이 하나님 앞에서 얼마나 보잘 것 없는지를 깨닫고는 할 말을 잃었던 것이다. 하나님께서 욥에게 나타나셔서 하신 일이 무엇이었기에 욥은 그런 반응을 보일 수밖에 없었을까?

욥기 38-39장을 보면 하나님께서 욥에게 여러 질문을 하신다. "내가 땅의 기초를 놓을 때에 네가 어디 있었느냐 네가 깨달아 알았거든

말할지니라” “광명의 처소는 어느 길로 가며 흑암의 처소는 어디냐”
“가슴속의 지혜는 누가 준 것이냐 마음속의 총명은 누가 준 것이냐”
“산 염소가 새끼 치는 때를 네가 아느냐” “말의 힘을 네가 주었느냐 그
목에 흩날리는 갈기를 네가 입혔느냐”

하나님께서는 욥에게 직접 창조과학 강의를 하신 것이다(제1장 7편
의 글 참조). 하나님께로부터 창조과학 강의를 듣고 하나님의 차원과
자신의 차원이 너무 다르다는 것을 깨달은 욥은, 하나님께 대한 절대
적인 신뢰감을 갖게 되었다. 누구든지 창조물에 담겨있는 하나님의 능
력과 솜씨, 세심한 배려를 알면 알수록 하나님을 더욱 사랑하고 신뢰
하게 된다.

“창세로부터 하나님의 보이지 아니하는 것들 곧 그의 영원하신 능
력과 신성이 그 만드신 만물에 분명히 보여 알게 되나니…”(롬 1 : 20)
라고 성경은 말하고 있다. 창조 진리를 바르게 배우는 것은 과학시대
에 살고 있는 우리에게 더욱 필요한 일이다.

김정훈 교수님의 『이브의 배꼽, 아담의 갈비뼈』는 에덴동산에서부
터 현 시대에 이르기까지 창조에 관한 다양한 주제에 대해 재미있고
알기 쉽게 설명하고 있다. 창조와 진화에 대해 많은 사람들이 궁금해
하는 것들을 시원하게 답하고 있을 뿐만 아니라, 오해하거나 자세히
알지 못하고 있는 것들에 대해서도 명쾌하게 가르쳐 준다. 또한 최근
에 직접 참석한 국제적인 학회의 이야기를 통해서 ‘긴 시간 동안 우연
적인 사건이 반복된 결과’ 라는 진화론의 기본적인 설명 체계가 어떻게
흔들리고 있는지 실감나게 전하고 있다. 특히 진화론의 세력이 커지는

데 결정적인 역할을 한 논쟁이나 재판 이야기는, 그리스도인들이 생활 속의 작은 문제들에서도 창조와 연관지어 곰곰이 생각해 볼 필요가 있는 이유를 잘 보여 준다. 그리고 연일 많은 논쟁을 불러일으키고 있는 복제 인간이나 미래 세계를 이야기 할 때 반드시 등장하는 인공지능에 관한 이야기는 과학기술의 급속한 발전과 함께 흔들리는 인간의 정체성에 관해 바른 방향을 제시한다.

진화론이 팽배한 시대에 많은 그리스도인들에게 창조의 확신을 갖게 하고 창조 신앙의 중요성을 깨우치는 데 이 책이 크게 공헌할 것으로 믿는다. 비그리스도인들에게도 유익한 책이지만 특히 모든 그리스도인들이 반드시 이 책을 읽을 것을 권한다. 이 책을 읽는 동안 욥처럼 말로만 들어왔던 창조주 하나님을 친히 뵈옵는 놀라운 기적이 있기를 기원한다.

송만석

한국창조과학회 회장

목차

제 5 장 : 진화론의 영향과 그 영적인 의미

제 1 장 진화론, 교회를 위협하다

"그러므로 오늘날 인본주의 진화론에 영향을 받은 일부 신학교에서
창세기의 창조 기사를 무슨 신화나 비유로 취급하고
역사적 사살을 사실로 받아들이지 않는 것은,
성경의 토대를 무너뜨려 결국은 기독교 자체를 위협하게 하는
자살 헝위와도 다를 바가 없다 하겠다."

교회여, 창조론을 가르치자!

오늘날 우리가 살고 있는 이 시대를 과학시대라고 부르는 데 이의를 제기할 사람은 아무도 없을 것이다. 과학은 우리에게 편리함을 제공해 줌으로 우리의 생활에 영향을 미치고, 더 나아가 우리의 사고와 가치관까지도 변화시킬 만큼 큰 힘을 발휘하고 있다. 과학이 갖는 이와 같은 힘은, 과학이 정확한 관측과 반복적인 실험을 통하여 얻어진 이론을 가지고 우리 주변에서 일어나는 자연 현상의 원인을 잘 설명해 주고, 더 나아가 인과율에 기초하여 어떤 주어진 원인에 대한 결과까지 예측을 함으로써 생겨나는 것이다. 그러나 같은 과학 이론이라 할지라도 성격상 반복적인 실험이 불가능하여 그 이론을 증명할 수 없는 경우 그 이론은 오직 가설로만 존재할 뿐이며, 다른 과학 이론과 같이 인과율에 기초한 결과의 예측은 불가능하게 된다. 이

와 같은 이론은 증명이 불가능한 관계로 다만 현재 우리가 알고 있는 다른 과학적 사실들에 비추어 보아 그 이론의 신빙성을 가늠해 볼 수 있을 뿐인데, 인간을 비롯한 생물과 우주의 기원 문제를 다루는 소위 진화론과 창조론이 바로 이와 같은 범주에 속한다.

성경은 하나님의 감동으로 기록된 책으로(딤후 3:16), 우리가 과학적으로 증명할 수 없는 우주와 인류의 기원에 대하여 단호하게 하나님의 창조를 선포하고 있다. 창세기를 비롯한 성경의 어떤 책을 읽어 봐도 사람이 원숭이로부터 진화되어 왔다든지, 우주가 대폭발에 의하여 형성되었음을 보여 주는 말씀은 한 마디도 없으며, 오직 일관되게 하나님의 섭리와 계획에 따른 창조 사실을 증거한다. 그러므로 모든 것이 우연에 의하여 저절로 생겨났다는 진화론은 성경의 가르침과 정면으로 위배된다. 그러면 성경에 기초하여 그 존재가 서 있는 교회는 모든 만물의 기원을 어떻게 가르쳐야 할 것인가? 교회가 성경을 진정 하나님의 말씀으로 믿는다면 당연히 성경에 기록한 바와 같이 하나님의 6일 창조를 가르쳐야 할 것이나, 안타깝게도 오늘날 많은 교회들이 과학의 이름으로 포장된 진화론의 허구성을 충분히 이해하지 못하고 진화론의 영향을 받아 소위 유신론적 진화론을 가르치든지, 혹은 성경적 6일 창조를 가르치되 참과학이라고 할 수 없는 진화론의 영향에 눌려 그 목소리를 높이지 못하고 있는 것이 현실이다.

사실 알게 모르게 진화론의 영향을 받은 오늘 우리는 성경의 창세기를 역사적 사실이 아닌 무슨 신화로 알거나 혹은 비유적으로 해석하려는 경향을 갖고 있다. 시편 기자는 일찍이 "터가 무너지면 의인이 무엇을 할꼬"(시 11:3) 하며 한탄하였다. 전체 성경의 기초가 되는 창세기를 사실로 받아들이지 않으면, 성경의 모든 중요한 교리는 그 토대를 잃는다 해도 과언이 아닐 것이다. 만약에 창세기가 역사적 사건이 아니어서 하나님께서 아담을 창조하신 것도 아담이 범죄한 것도 사실이 아니라 다만 신화나 비유에 지나지 않는다면, 도대체 우리가 죄인이어야 할 이유가 어디에 있으며 예수님께서 우리의 죄를 위하여 돌아가셔야 할 이유가 어디에 있단 말인가? 또한 소위 유신론적 진화론을 받아들여 하나님께서 진화론적인 방법으로 아담을 창조하셨다고 믿는다면, 아담이 범죄하기 이전에 이미 수많은 죽음의 행렬이 그 앞에 이어졌을 터인데, 그렇다면 죽음이란 결코 죄의 삯도 아니요, 예수님의 부활도 의미가 없고 말 것이다. 그러나 성경은 분명히 한 사람으로 말미암아 죄가 세상에 들어오고 그 죄로 말미암아 사망이 왔으며(롬 5:12), 예수님께서는 바로 우리의 죄를 인하여 대신 죽으시고 다시 살아 나셨다고(롬 4:25) 기록하고 있다. 그러므로 창세기를 문자 그대로의 역사적인 사건으로 받아들이는 것은 성경의 전체 내용을 이해하고 받아들이는 데 있어 필수적이라고 할 수 있다. 이런 점에서 볼 때 오늘날 많은 젊은이들이 교회를 떠나고 성경 말씀이 권위를 잃어가는 사회 풍조의 형성에는, 이 같은 인본주의적 진화론에 영향을 받아 창세기를 신화나 비유로 가르치는 상당수의 신학교와 기독교 학교들, 그리고 그들이 배출해 낸 졸업생들에 의해 교육받은 교회의 지도자들에게도 그 책임이 있다고 하겠다.

오늘날 우리 사회가 안고 있는 많은 문제들 가운데 특히 교회의 입장이 첨예하게 대립되는 이슈들—예를 들면 낙태, 동성애, 마약, 혹은 안락사 같은 문제들—의 근본 원인을 캐어 보면, 사실은 진화론에 그 이론적 뿌리를 두고 있음을 발견하게 된다. 진화론의 주장대로 인류가 단지 우연 발생의 산물로서 아무런 목적도 없이 생겨났다면, 내가 무엇을 하든지 나를 통제할 절대적 기준은 아무것도 존재치 아니하며 단지 상황에 따른 상대적 가치만이 존재할 뿐이므로, 결국 나중에는 내가 바로 신이라는 주장까지도 쉽게 할 수 있게 된다. 사실 요즘 유행하는 뉴 에이지 철학에서는 인간 진화의 마지막 단계가 바로 신이 되는 것이라고 가르치고 있다. 어쩌면 이것이야 말로 바로 진화론의 진짜 모습일지도 모른다. 미국창조과학연구소의 헨리 모리스(Henry Morris) 박사는 그의 저서 『하나님을 대항한 인류의 오랜 전쟁(*The Long War Against God*)』에서, 오랜 역사 동안 단지 그 이름을 바꿔 가며 존재해 온 진화론이란 결국 사탄과 공조하며 자신이 신이 되겠다는 하나님을 향한 인류 반역의 결과라고 그 정체를 상세히 밝히고 있다. 실제로 성경을 보면, 사탄이 에덴동산에서 처음 사람을 유혹할 때부터 '너희가 하나님과 같이 되리라' (창 3:5)고 하지 않았던가?

자, 이제 교회는 어떻게 할 것인가? 과학이라는 이름으로 포장하여 다가오지만, 실상은 사탄의 속임수에 불과한 진화론에 속수무책으로 당하고만 있을 것인가? 진화론과의 절충이란 성경적으로 볼 때 불가능하다는 것은 이미 앞에서 기술한 바와 같다. 그렇다면 답은 분명하다. 성경으로 돌아가는 것이다. 창세기의 사실을 역사적인 사건으로 받아들이는 것이다. Back to the Genesis! 말씀의 기초를 창세기 1장

인본주의 대 기독교의 영적 싸움에는 각각 진화론과 창조론이 그 토대를 이루고 있다

Used with Permission from 〈www.AnswersInGenesis.org〉

1절부터 다시 놓아야 한다. 앞서 기술한 바와 같이 진화론이나 창조론은 그 성격상 증명될 수 있는 과학 이론이 아니므로, 교회는 이 과학시대가 주는 과학이라는 힘에 압도되어 성경의 진리를 선포하는 데 있어 전혀 목소리를 낮출 필요가 없다. 따라서 교회는 담대하게 창조론을 가르쳐야 할 것이다. 성경을 믿는 많은 과학자들에 의하여 진화론의 허구가 밝혀지고 하나님의 창조세계가 증명되고 있음을 볼 때, 교회는 그들의 연구에 관심을 갖고 소위 과학적 창조론을 지지함으로써 성경이야말로 참으로 정확한 역사적 기록—가장 태초의 사건까지도—임을 증거하고, 나아가 과학시대의 이방인들을 전도하는 도구로 창조론을 사용하여야 할 것이다.

그러므로 교회여, 창조론을 가르치자! 이미 믿은 자에게는, 우리 안에 있는 소망에 관한 이유를 묻는 자들에게 대답할 것을 항상 예비하게 하기 위하여(벧전 3:15), 아직 믿지 않은 자에게는, 창조주를 발견하게 하여 그들을 그리스도의 부활의 소망 가운데로 인도하기 위하여(행 17:22-31), 그리고 세상에 대하여는, 창조주 하나님을 경배하라는 영원한 복음을 가지고 천사가 날아가는 말세의 심판 때에(계 14:6-7) 저희가 핑계치 못하도록(롬 1:18-20), 교회여 창조론을 가르치자!

'원숭이 재판'을 아십니까?

만약에 우리가 살고 있는 지역의 어느 공립 학교에서 진화론을 가르쳤다는 이유로 그 학교의 교사가 재판을 받게 되었다면, 그래서 우리로 하여금 증인석에 나와 진화론에 관한 크리스천의 입장을 밝혀 달라는 요청을 받았다면, 우리는 과연 당당하게 진화론은 우리가 믿는 성경과는 서로 조화를 이룰 수 없는 이론으로써 이를 뒷받침할 만한 어떤 확증된 과학적 증거도 존재치 않는다고 증언을 할 수 있을 것인가?

그런데 바로 이와 같은 재판이 1925년 미국 테네시 주에서 실제로 열렸다. 당시 테네시 주는 법령에 따라 공립 학교에서 진화론을 가르치는 것을 금지하고 있었는데, 스콥스(Scopes)라는 한 고등학교 교사가 이 법령을 어기고 진화론을 가르쳤다는 이유로 재판을 받게 된 것

1925년 미국 테네시 주에서 열렸던 스콥스 재판을 알리는 신문 기사의 한 부분

이다. 이 재판을 피소된 교사의 이름을 따서 '스콥스의 재판(Scopes Trial)'이라고 부르는데, 진화론이 재판대에 올라 전 세계의 이목을 집중시키게 되면서 일명 '원숭이 재판'이란 이름으로 더 많이 알려지게 되었다.

그러나 시간이 지나면서 이 재판을 통해 본래의 사실과는 달리 마치 진화론을 받아들이는 것은 지극히 이성적인 반면, 성경을 믿는 크리스천들은 맹목적이고 비이성적인 것처럼 왜곡된 모습으로 사람들에게 기억되어 갔다. 이 재판에서 피고인 측 변호사는 과학의 이론 — 진화론 — 에 맞추어 성경의 창세기를 재해석하여야 한다는 내용의 증언을 당시의 여러 종교 지도자들 — 목사를 비롯하여 유수한 신학 대학의 학장, 혹은 랍비들 — 로부터 서면으로 받아 그것을 재판석에서 증거로 제출하였다. 하지만 이들로 하여금 창세기를 문자 그대로 받아들이지 않도록 영향을 주었던 당시의 과학적 내용들 — 예를 들어, 유인원 화석이나 흔적 기관 —

이라는 것이 오늘날 대부분 허구로 밝혀짐으로써 가장 성경적이어야 할 이들 종교 지도자들이 취했던 비성경적인 입장이 몹시 우스꽝스럽게 되어 버렸다.

과학은 새로운 이론에 의하여 언제든지 바뀔 수 있지만, 하나님의 감동으로 기록된 성경은 어제나 오늘이나 변함없이 진리를 선포한다. 성경 밖에서 가져온 이론을 가지고 성경 내적으로는 아무리 봐도 명백한 사실을 재해석하려는 시도는, 결국 하나님께서 주신 말씀의 권위를 스스로 낮추고 사회 속에서 점차 교회의 영향력을 상실해 가는 자충수가 되고 말 것이다. 원숭이 재판이 주는 교훈은 바로 이것이다. "너희는 인생을 의지하지 말라 그의 호흡은 코에 있나니"(사 2:22) "여호와께 피함이 사람을 신뢰함보다 나으며"(시 118:8)

교회 안에 다윈의 무덤이?

어느 나라든지 그 나라를 위하여 목숨을 바쳤거나 큰 일을 한 사람들을 위하여 국립묘지를 만들어 그들의 넋을 기리고 있다. 그런가 하면 큰 교회도 자체의 묘지를 갖고 기독교의 분위기에 맞는 묘지를 제공함으로써, 후세의 사람들에게 고인이 가졌던 기독교 정신을 알리고 있다. 영국에 가면 런던의 국회의사당 맞은편에 유명한 웨스트민스터사원이 있는데, 이곳에는 국가적으로 공을 세운 사람이나 영국의 왕족, 그리고 교회에 덕을 세운 그리스도인들의 무덤이 있다.

그런데 놀라운 것은 바로 이 웨스트민스터사원의 건물 바닥 밑에 다윈(Darwin)의 무덤이 있다는 사실이다. 다윈이 누구인가? 바로 교회의 근간을 무너뜨린 진화론을 퍼뜨린 장본인이 아닌가? 그의 이론

영국 런던의 웨스트민스터사원

이야말로 사람들이 하나님의 진리를 거짓된 것으로 바꾸어 피조물을 조물주보다 더 경배하고 섬기는(롬 1:25) 것을 합리화시켜 주지 않았던가? 인간을 동물적 존재로 격하시키고 모든 가치를 상대화시킴으로 하나님의 말씀이 들어가야 할 사람들의 마음밭을 돌멩이와 가시덤불이 가득한 황폐한 땅으로 만들어, 떨어진 말씀이 뿌리내리지 못하도록 변화시킨 이론이 바로 진화론이 아니던가? 이 우주의 모든 것이 그저 우연히 오랜 세월에 걸쳐 생겨났다고 가르침으로써, 창세기에 나와 있는 하나님의 6일 창조를 전면 부정하고 유신론적 진화론이니 하는 해괴한 이론을 신학교에서조차 가르치도록 공헌한 것이 바로 진화론이다. 그러므로 다윈이야말로 교회의 토대를 무너뜨리는 데 결정적 역할을 한 사람인데 어떻게 다윈의 무덤을 교회 안에 고이 모실 수가 있다는 말인가?

한편 같은 영국이 낳은 스코틀랜드의 위대한 종교 개혁자 존 낙스(John Knox)는 죽어서 그가 말년을 보냈던 세인트자일스대성당에 묻히게 되었는데, 안타깝게도 현재 그의 무덤이 있던 자리에는 주차장이 들어서 있다고 한다. 유명한 종교 개혁자 존 칼빈(John Calvin)과 동시대 사람으로서 하나님의 말씀을 지키기 위해서는 세상과 그 어떤 타협도 하지 않았다고 전해지는 존 낙스의 무덤은 오늘날 주차장으로 전락하고, 하나님의 말씀을 밑바닥부터 변질시키는 데 기여를 한 다윈의 무덤은 교회의 중심에 모셨다는 이 기가 막힌 사실에 그리스도인의 한 사람으로서 우리는 무어라고 말을 하여야 할까? 이 같은 사실은 오늘날 유럽의 많은 교회가 문을 닫고, 젊은이들이 교회를 빠져 나가게 된 것과 전혀 무관한 것 같지 않다.

"그때에 이스라엘에 왕이 없으므로 사람이 각각 그 소견에 옳은 대로 행하였더라"는 사사기 21장 25절의 말씀처럼, 우리의 왕이신 창조주 하나님을 부인하고 그의 법을 따르지 않고 제멋대로 살아간 결과가 바로 오늘날 우리가 보는 유럽의 모습이 아닐까?

교회여, 깊은 잠에서 깨어나자! 그리고 하나님을 대신하여 어리석은 자들을 깨우치는 파수꾼의 사명을(겔 3:17) 게을리 하지 말자! 주인께서 돌아오실 날이 멀지 않음이니…. 아멘.

어린아이도 알 수 있는 어리석음

진화론은 과연 성경과 조화가 될 수 있는 이론인가? 진화론을 받아들이면서 또한 동시에 성경을 믿을 수 있는가? 그 대답은 어쩌면 진화론 사상의 정착에 결정적인 공헌을 하였던 다윈 자신에게서 찾을 수 있을지도 모른다. 다윈은 한때 신학도로서 본래 목회를 준비하던 사람이었다. 그러나 진화론과 자연도태를 믿게 되면서 그는 점차 신앙을 잃어버리고 결국은 무신론자가 되고 말았다. 뿐만 아니라 그의 이론은 그 후 수많은 그리스도인들을 믿음에서 떠나게 하는 원인이 되었는데, 유명한 진화론자인 도브잔스키(T. Dobzhansky)나 사회 생물학이라는 새로운 학문의 형성에 큰 공헌을 한 바 있는 에드워드 윌슨(Edward Wilson) 같은 사람은 모두 진화론의 영향으로 기독교를 버리고 자기 자신이 진화론자가 된 대표적인 사람들이다.

이 같은 예들은 결국 진화론을 받아들인다는 것은 우리에게 신앙을 저버리는 대가를 치르게 하는 일임을 일깨워 준다. 그런데 놀랍게도 오늘날 많은 그리스도인들이 진화론의 본질을 깊이 이해하지 못하고 성경과 진화론을 같이 혼합하여 받아들이고 있을 뿐만 아니라, 하나님의 말씀을 누구보다도 먼저 앞장서서 수호해야 마땅할 신학교에서조차 진화론과 타협한 신학 이론을 가르치고 있는 현실은 매우 슬픈 일이 아닐 수 없다. 가령 하나님께서 만물을 창조하셨으나 진화론적인 방법으로 창조하셨다는 소위 '유신론적 진화론'이라든지, 이를 조금 변형하여 하나님께서 진화 과정의 중간 중간에 필요에 따라 개입하여 창조를 하셨다는 '점진적인 창조론' 그리고 창세기 1장의 날들을 지질학적 연대로 해석하는 소위 '날-시대 이론' 등이 모두 진화론과 타협하여 나온 이론들이다.

그러나 이 같은 이론들은 진화론과 성경 양쪽 모두를 잘 이해하지 못해서 생겨난 결과라고 말할 수 있다. 진화론의 본질은 무신론이다. 그리고 성경은 본질적으로 진화론과는 혼합될 수 없는 성격을 갖고 있으며 또한 창조 사실의 기록에 엄격하다. 진화론이 성경과 조화되지 못하는 이유를 미국창조과학연구소의 헨리 모리스 박사는 다음과 같이 지적하고 있다. 첫째, 성경은 창세기 1장에서 하나님께서 각 생물을 그 종류대로 창조하셨다고 열 번이나 강조하고 있다. 둘째, 성경은 하나님께서 창조 후에 안식을 취하셨다고(창 2:2-3; 히 4:3, 10) 기록하여 지질학적 연대와 생물의 점진적인 진화의 가능성을 배제하고 있다. 셋째, 하나님께서는 자신의 창조물을 보시기에 매우 좋았다고 선언하

다윈 시대에 활약했던 토마스 헉슬리

심으로, 수억 년 동안 피비린내 나는 적자생존의 과정을 거쳐야 하는 진화의 가능성을 부정하셨다. 넷째, 예수님 자신이 직접 창세기의 창조 기록을 역사적인 사실로 취급하셨다(마 19:4-6; 막 10:6).

오늘날 많은 현대의 신학자들이 성경과 진화론을 혼합한 이론을 가르치고 있지만 사실 그들의 이론이 전혀 새로운 것은 아니다. 이미 다윈의 시대에도 이와 비슷한 이론들이 그 당시의 신학자들에 의하여 제기되었다. 즉, 하나님께서 진화의 방법을 사용하여 창조를 하셨으며, 따라서 창세기는 수십억 년에 걸친 지구 진화의 역사에 걸맞게 재해석되어야 한다는 것이었다. 그런데 흥미롭게도 성경에 대한 이와 같은 신학적 접근 방식의 모순을 아주 예리하게 웅변적으로 잘 지적했던 사람이 바로 그 당시의 대표적인 인본주의자로 소문이 나 있었던 토마스 헉슬리(Thomas Huxley)였다. 그는 아주 열렬한 진화론의 신봉자로서 '다윈의 불독'이라는 별명까지 얻을 정도로 다윈 자신보다도 진화론을 전파하는 데 더 앞장을 섰던 사람이다. 그는 자신이 믿는 진화론을 가지고 성경 기록의 진실을 파괴하길 원했으며, 그 결과 사람들이 더 이상 성경을 믿지 않으려 할 때 이를 즐거워하였다. 그리고 진화론을 성경과 혼합하여 받아들임으로 자신의 신앙을 유지하려는 사람들의 입장에 대하여는 신랄한 공격을 통하여 그들이 취하는 자세의 부당성을 아주 날카롭게 지적하였다.

　성경의 중요한 교리는 그 기초를 창세기에 두고 있으며, 또한 창세기의 기록은 예수 그리스도 자신과 사도 바울의 입을 통하여 역사적인 사실로 인용되고 있다(마 19:4-6; 눅 17:26-30; 고전 15:21-22). 따라서 창세기가 어떤 이유에 의하여 사실이 아닌 단지 신화에 불과한 이야기 정도로 취급된다면, 신약의 교리는 더 이상 설득력을 잃을 수밖에 없게 됨은 자명한 일이다. 예를 들어 만약 하나님께서 진화의 방법을 사용하셨다면 아담이 창조되기 이전에 벌써 수많은 죽음의 행렬이 있어야 하는데, 이는 바울이 말한 바 한 사람으로 말미암아 죄가 세상에 들어오고 그 죄로 말미암아 사망이 모든 사람과 피조물에게 이르렀다는(롬 5:12, 8:19-22) 성경 말씀과 정면으로 모순이 된다. 또한 진화론적으로 창세기를 해석하면 죄의 개념이 애매모호해지는데, 죄가 없다면 예수님이 죽으시고 부활하실 이유가 도대체 무엇이란 말인가? 그러므로 성경의 창조 기록에 진화론을 합치는 일은 결국 우리의 믿음을 죽이는 일과도 같으며, 이와 같이 창세기를 진화론적으로 받아들이면서 동시에 신약의 교리를 진리로 붙들고 있다는 것은 그야말로 어린 아이도 알 수 있는 어리석은 일이라고 헉슬리는 조롱하고 다녔다. 물론 그의 말의 요점은, 더 이상 어리석은 타협을 그만두고 진화론을 제대로 받아들임으로 성경을 완전히 포기하라는 것이었음은 두말할 필요도 없다.

　진화론은 틀린 사상이다. 그러나 토머스 헉슬리의 지적은 옳았다. 비록 그 자신은 인본주의자로서 성경을 불신하였지만, 무엇이 성경 전체의 기초가 되는 줄을 잘 알고 그것을 정확히 공격함으로써 많은 사람들을 교회 밖으로 빠져 나가도록 하는 데 공헌할 수 있었다. 과연 그가 죽은 지 백 년이 더 지난 지금은 어떤가? 도대체 언제까지 그야말로 어린아이도 알 수 있는 어리석은 일을 반복하며, 교회가 지켜야 할 양들을 다 잃어버리고 있을 참인가?

진화론과 부활절이 무슨 관계?

기독교에 있어서 가장 중요한 한 가지 사건을 들라
고 하면 누구라도 주저 없이 예수님의 부활 사건을 지적할 것이다. 세
상에 많은 종교가 있지만 사실 기독교만이 유일하게 부활을 역사적인
사실로 증거하고 있으며, 그렇기 때문에 모든 기독교의 교리 또한 이
부활 사건과 직접 혹은 간접적으로 연결되어 있다. 즉, 인간의 기원과
타락에서부터 우리를 향한 하나님의 구속하심이 인류 역사를 통해 어
떻게 진행되기 시작하여 왔는가에 대한 모든 내용이 예수 그리스도의
죽음과 부활로 이어지면서 이야기의 정점을 이루고 있는 것이 바로 성
경이므로, 이 부활 사건을 역사적 사실로 받아들이느냐 아니냐 하는
것은 바로 기독교를 믿느냐 안 믿느냐 하는 것과도 동일한 질문인 것
이다.

진화론은 인간의 출현에 앞서 죽음이 먼저 존재했음을 말하지만, 성경은 인간이 먼저 있었고 그 인간이 범죄함으로 말미암아 그 결과로 죽음이 들어 왔다고 가르친다

Used with Permission from 〈www.AnswersInGenesis.org〉

한편 현대 교육이 인본주의에 그 기초를 두고 있음은 누구나가 주지하는 바일 것이다. 인본주의란 출발부터 하나님은 없다고 전제하며, 동시에 우주와 그 안에 있는 모든 것들이 저절로 우연히 생겨났다고 믿고 있는 신념의 체계이다. 이는 바로 진화론이 주장하는 바이므로 결국 인본주의와 진화론은 그 뿌리가 같은 것이다. 이와 같이 진화론적 사상이 현대 교육의 기초를 형성하고 있으므로, 소위 현대 교육을 받은 우리는 모두가 알게 모르게 진화론적 교육을 받은 셈이다. 그렇다면 현대 교육을 받은 그리스도인들이 부활을 믿으면서 또한 동시에

진화론을 사실로 받아들이는 것이 과연 가능한 일일까?

진화론에 의하면, 인류가 지구상에 처음 출현하기 시작한 것은 약 200만 년 전으로써 그 전에 이미 수많은 생물들이 지구상에 출현하였을 뿐만 아니라 그들은 인류가 나타나기까지 수없이 많은 죽음과 생존을 거듭하면서 나름대로 진화를 계속해 오고 있었다. 다시 말하면 인류가 등장하기 오래 전부터 이미 이 땅에는 죽음이 들어와 있었다는 이야기가 되는데, 이것은 성경의 가르침과는 정면으로 모순이 된다. 우리가 잘 아는 대로 성경은 하나님께서 모든 생물과 사람을 처음 창조하셨을 때 보시기에 매우 좋았다고(창 1장) 전하는데, 이는 적자생존의 과정을 거치는 동안 죽음이 필연적으로 나타나야 하는 진화론적 개념과는 같이 어울려 생각하기 매우 어려운 말씀이다. 오히려 성경은 창조가 있은 후에 사람의 범죄로 말미암아 비로소 이 땅에 죽음이 들어 왔다고 가르치고 있다. 이 내용은 신약성경에서 더 분명하게 명시되어 나타나는데, 바울은 말하기를 "이러므로 한 사람으로 말미암아 죄가 세상에 들어오고 죄로 말미암아 사망이 왔나니 이와 같이 모든 사람이 죄를 지었으므로 사망이 모든 사람에게 이르렀으며"(롬 5:12)라고 한다. 또한 그 한 사람은 바로 창세기에 나오는 아담이었다고(고전 15:22) 기술하고 있다. 뿐만 아니라 성경은 인간의 죄로 말미암아 모든 피조물들도 함께 탄식하며 고통을 받고 있다고(롬 8:22) 기록함으로써, 결국 생물계에 나타나는 죽음이 인간의 존재 이후에 생겨난 것임을 분명히 하고 있다. 따라서 진화론을 받아들이면서 동시에 성경을 믿는다는 것은 커다란 모순에 빠지는 일임을 쉽게 이해할 수 있다.

그렇다면 성경이 말하는 죽음의 기원과 부활과는 어떤 관계가 있는 가? 부활은 한마디로 죽음을 이긴 사건이다. 그리고 그 죽음은 인간의 죄악으로 인해 이 땅에 생겨난 것이다. 이 말은 결국 부활이란 죄로부터의 해방을 의미한다는 것이다. 죄 없는 예수님이 죽음에 묶여 있을 필요가 없으므로 부활을 하신 것처럼, 그분을 믿는 우리도 하나님으로부터 사함을 받고 죽음으로부터 자유로워질 수 있다는 것이 기독교의 가르침이요(고전 15:12-19), 따라서 그것이 그리스도인들에게 부활이 그렇게 중요한 이유가 되는 것이다. 그러나 여기에 진화론적 사상을 받아들이게 되면 인류의 죄악이 있기 훨씬 이전에 이미 죽음이 이 땅에 존재하고 있다는 것이므로, 죽음은 우리의 죄와는 아무 관련이 없고 따라서 예수님이 우리의 죄를 위해 돌아가셨다가 부활하셔야 할 아무런 이유가 없게 되고 마는 것이다. 이 말은 기독교 신앙의 핵심을 받아들일 수 없으며, 동시에 성경의 모든 이야기가 우스꽝스럽게 되어 결국은 신앙을 버려야 하는 결과를 초래할 수도 있음을 가리킨다. 여기에서 바로 상관없어 보이는 진화론과 부활절이 사실은 매우 중요한 부분에 있어서 서로 대립되는 관계를 띠고 있음을 발견할 수 있다.

오늘날 많은 교회들이 놓치고 있는 부분이 바로 이 진화론적 사상이 어떻게 우리의 신앙을 뿌리째 흔들어 놓고 있는가 하는 점이다. 복음을 전파하는 데 매우 열심이면서도, 정작 그 복음이 기초를 두고 있는 부활의 사실성에 정면으로 도전하고 있는 진화론에 대해서는 대부분의 교회가 무관심하거나 혹은 무방비 상태에 놓여 있는 것이 현실이다. 한 조사에 의하면 오늘날 청소년들이 신앙을 잃어버리는 데 진화론이 결정적 영향을 끼치고 있다고 하는데, 비단 청소년뿐만이 아니라 오래 전부터 신앙생활을 해 왔으며 교회 활동에 열심인 성도들 가운데에도 사실 성경의 모든 내용을 아무런 의심 없이 하나님의 말씀으로 받아들일 수 있다고 고백할 수 있는 사람은 의외로 많지 않을지도 모른다. 물론 진화니 창조니 하는 내용을 전혀 모르고도 부활의 사실만을 받아들임으로써 구원을 받을 수 있고, 또 교회 활동에 열심을 낼 수도 있는 게 사실이다. 하지만 하나님을 알기 위하여 성경을 깊이 공부하면 할수록 우리 믿음의 기초는 창세기의 역사적 사실에 그 깊은 뿌리를 두고 있음을 발견하게 되고, 또한 우리의 믿음이 그리스도의 장성한 분량에 이르는 데 성경을 오직 부분적으로만 믿는 것이 얼마나 큰 걸림돌이 되는지를 경험해 본 이는 잘 알 수 있을 것이다. 예수님 옆의 십자가에 달렸던 한 강도는 예수님을 주님으로 믿어 천국에 가는 것만으로도 만족할 수 있었겠지만, 우리는 하나님께서 부르실 때까지 이 땅에 살면서 예수를 믿는 것과 아는 일에 하나가 될 뿐만 아니라(엡 4:13), 믿음에 거하되 터 위에 굳게 서서 복음의 소망에서 흔들리지 않아야(골 1:23) 할 것이 아니겠는가? 어떻게 이 일이 가능하겠는가? 이는 오직 창세기부터 계시록까지의 성경 전체를 전적으로 하나님의 말씀으로 믿음으로써만 가능한 일인 것이다.

창조과학은 성경 가운데서도 역사적으로 그리고 과학적으로 가장 민감한 내용인 창세기 1-11장을 전적으로 오류가 없는 하나님의 말씀으로 받아들이고 이에 대한 과학적 증거들을 찾아 뒷받침함으로써, 성도들의 신앙에 유익을 가져오게 하고 동시에 하나님의 말씀에 대한 강한 확신을 갖게 하여 성도들이 그야말로 흔들리지 않는 믿음을 갖도록 도와주는 역할을 한다. 그런데 창조과학 강의를 다니다 보면 많은 그리스도인들이 창조과학적 활동을 교회가 관심을 가져야 할 많은 일 중의 한 가지 지엽적인 이슈 정도로 인식하고 있음을 발견하고 놀라게 된다. 아마도 이는 기독교 신앙의 핵심이 되는 부활 사건과 진화론의 관계를 충분히 파악하지 못한 데서 오는 오해가 아닌가 싶다. 과거 다윈이 활동하던 시절에 그의 진화론을 누구보다도 앞장서 열렬히 지지하고 다니던 토마스 헉슬리가 잘 파악하고 있던 것처럼 기독교의 교리는 절대로 진화론과는 양립할 수 없는 성질의 것이므로, 우리는 양자택일을 하여 오직 한 가지만을 진리로 받아들여야 할 것이다. 때문에 헉슬리는 우리로 하여금 신앙을 버리고 그가 주장하는 진리인 진화론을 받아들일 것을 종용하고 다녔다.

자, 여러분은 과연 어느 쪽을 진리로 택할 것인가? 창조에 기초를 둔 부활 신앙인가, 아니면 죄의 기원을 찾기 어려운 그래서 부활의 의미를 상실케 하는 진화론인가? 창조과학은 진화론의 과학적 모순을 지적함으로써 기독교의 핵심 진리인 부활의 신앙이 확고히 설 수 있는 기초를 제공한다. 창조과학에 대한 교회의 지속적이고도 전폭적인 관심과 지원이 그 어느 때보다도 필요하다. 왜냐하면 오늘날 과학시대에 있어 진화론이야말로 우리의 신앙을 노략질하는 철학이요, 헛된 속임수이기 때문이다(골 2:8).

목사님과 평신도 그리고 창조과학

창조과학 사역의 중요한 업무 중 하나가 교회 강연임은 두말할 것도 없다. 사실 창조과학은 한국에 창조과학이 처음 선을 보인 1980년 당시부터 전국의 각 교회마다 끊이지 않고 계속 이어지는 크고 작은 창조과학 강연을 통해 오늘의 발전된 모습으로 성장해왔다. 초창기 한국창조과학회를 이끌어 온 김영길 현 한동대 총장을 비롯하여 수많은 헌신된 한국의 크리스천 과학자들이 교회의 요청이 있을 때면 모이는 인원에 상관없이 산간벽지를 멀다하지 않고 강연을 하며 일궈온 것은, 오로지 하나님의 위대하신 창조 사실을 과학자의 객관적인 입으로 증거함으로써 그들이 신앙의 기초를 쌓는 데 도움을 줄 뿐만 아니라 궁극적으로 창조의 역사성에 기초한 복음의 진리를 전파하고자 하는 것이었다. 한국창조과학회의 그 신념과 열정은 오늘도

하나의 전통처럼 계속해서 이어져 내려오고 있는데, 진화론적 과학주의에 물든 이 시대에 창조과학이 갖는 그 시대적 사명의 중요성이 갈수록 더해 가고 있다.

그러면 창조과학 사역은 과연 누구에게 필요한 것인가? 첫째는 예수님을 하나님으로 믿지 않는 교회 밖에 있는 사람들이요, 둘째는 비록 교회 안에는 있지만 성경의 내용을 부분적으로만 믿거나 그 역사성을 부인하는 사람들일 것이다. 우리는 사도 바울이 이방인의 사도라는 별명답게 수많은 이방인들에게 복음을 전한 것을 성경을 통해 잘 알 수 있다. 그런데 그가 모세오경을 모르는 이방인들에게 예수 그리스도의 복음을 전할 때 천지를 지으신 하나님을 먼저 소개하고 그 기초 위에 예수님의 부활과 그분이 우리의 구세주가 되심을 설명하였던 것을 (행 14:8-18, 17:22-31) 주목해 볼 필요가 있다. 이와 같은 사실은 오

1981년 1월에 있었던 한국창조과학회의 창립 예배 모습

늘날 학교의 일방적인 인본주의 교육으로 인해 진화론을 자연스럽게 역사적 사실로 믿고 있는 대부분의 현대인에게 우리가 복음을 전할 때에도 고려해야 할 중요한 교훈이 아닐 수 없다. 사실 많은 사람들이 성경을 하나님의 말씀으로 믿지 못하는 이유를 파고들어 가면, 결국은 그들의 마음속에 성경에 기록된 여러 가지 내용들이 비과학적으로 비쳐지기 때문인 경우가 많다. 창조의 사실만 하더라도, 마치 진화론이 과학적으로 증명된 것인 양 교육을 받아 온 상태에서는 성경의 내용을 거부감 없이 사실로 받아들이기 어려운 것은 불 보듯 훤한 것이다. 이것은 비록 예수 그리스도의 복음을 어떤 경로로든지 믿게 되어 교회에 들어와 신앙생활을 잘 하는 것처럼 보이는 사람들에게도 여전히 해당되는·중요한 문제인데, 성경 전체를 하나님의 말씀으로 받아들이지 못함으로 말씀에 기초한 균형 잡힌 신앙이 되지 못하고, 그 신앙이 실생활과 따로 존재하거나 급기야는 위기가 닥쳤을 때 쉽게 신앙을 잃어버리기가 십상이다. 결국 이 말은 창조과학 사역의 도움을 가장 필요로 하는 것은 사실 교회일 수밖에 없다는 이야기가 된다. 왜냐하면 세상 밖의 사람들을 교회 안으로 전도하고자 할 때는 물론이고, 교회 내의 성도들로 하여금 성경이야말로 하나님의 감동으로 기록된 인류의 참역사적 기록임을 확신을 갖고 믿게 하는 데 창조과학 사역만큼 적절한 게 없기 때문이다.

그러나 창조과학 사역을 하면서 느끼는 안타까움은 교회가 이러한 사실을 숙지하고 헌신된 창조과학 사역자들을 보다 더 적극적으로 활용하지 못하고 있다는 사실이다. 많은 경우에 교회의 창조과학 강연을 일반인보다는 청년부를 주된 대상으로 하거나, 주일의 정규 성경 과목으로 채택하여 지속적으로 교인들에게 도움을 줄 수 있도록 배려하기보다는 주중의 단회성 특강으로 그치는 경우가 대부분이다. 성도들은 모아 놓고 담임 목사는 별로 관심을 보이지 않고 전도사나 부목사가 대신하여 얼굴을 내비치는, 지나가는 행사 정도로 가볍게 치루고 마는 경우들도 있다. 청년부는 청년부대로 필요한 집회임에는 틀림이 없지만, 오히려 일반 성도들에게 강연이 필요한 경우가 더 많다. 교회의 사정상 단회성 특강이라도 계획한다면 그것도 감사한 일이기는 하지만, 창조과학 사역을 교회 내의 정규 프로그램으로 정착하여 자녀 및 일반

수많은 창조과학 관련 자료를 보유하고 있는 한국창조과학회 홈페이지

성도들의 신앙 교육에 일익을 담당할 수 있도록 지속적으로.지원하는 것이 필요하다. 전도사나 부목사가 행사를 진행해도 창조과학을 통해 은혜를 받는 데는 달라질 것이 하나도 없지만, 그 교회에 가장 큰 책임을 맡고 있는 담임 목사의 참석과 관심은 결국 모든 성도들에게 큰 힘이 되는 것이다.

창조과학 강연을 다녀 보면 일반적으로 평신도들의 반응이 더 뜨거운 것을 발견하게 되는데, 다른 성경 공부에서 깊게 다루지 않고 지나간 부분들이나 과학적 혹은 이성적 경험과 상충된다고 여겨졌던 부분에 대하여 성경적이면서도 과학적으로 근거가 있는 시원한 답을 얻게 되었을 때 그들의 표정이 밝아지는 것을 자주 보게 된다. 반면 교역자들은 많은 사람들의 예상과는 달리 마음에 부담을 느끼는 경우도 종종 있는 것 같다. 강단에 서서 하나님의 말씀을 전하는 중책을 맡은 교역자들이 어찌 창조를 믿지 않겠는가마는, 그들이 이해하고 있는 창조의 내용을 들여다보면 뜻밖에도 진화론과 혼합된 창조의 내용으로 이해하고 있는 경우가 있음을 발견하게 된다. 쉽게 이야기 하면, 지구의 나이가 오래되었다는 진화론적 가정하에 성경의 6일 창조에 나오는 하루를 지질학적 긴 연대로 인식한다든지, 하나님께서 진화의 가정을 거쳐서 생물을 만드셨다든지, 심지어 노아 시대에 있었던 전 지구를 덮은 홍수를 그저 중동 지방에 있었던 지역 홍수 정도로 취급한다든지 하는 것들이다. 이런 사고방식들은 모두 인본주의 학문의 영향을 받은 신학의 결과로써, 많은 수의 신학교는 물론이거니와 일반 기독교 대학에서도 버젓이 교과 과정으로 가르치고 있는 내용들이다. 실례로 필자가 LA에 있을 때 다니던 A교회에서는 교회 행사의 하나로 외부 강사를 초청하는 광고를 내고 창조과학 강연을 준비한 적이 있었는데, 강연을 일주일 앞둔 어느 날 그 교회의 담임 목사님으로부터 느닷없이 지구의 나이가 젊다는 증거로 무엇이 있냐는 질문을 받은 적이 있다. 나중에 보니 그분은 성경의 6일 창조와 진화론에서 가르치는 오래된 지구의 연대 사이에 본인 자신이 상당한 갈등을 갖고 계셨던 것이다. 하나님의 은혜로 지금은 만년 이내의 젊은 지구를 증거하는 많은 지질학적 증거 앞에서 자신의 갈등을 모두 해소하고 성경에 기록된 창조의 사실을 기록된 그대로 받아들이고 계신다고 전해들은 바 있다. 혹 이와 비슷한 고민을 하고 계신 분들도 많을지 모르겠다. 창조과학 사역은 창조라는 주제에 대한 전문적인 사역이다. 과학적이면서도 동시에 성경적으로 모순이 없는 내용만을 소개하며, 어디까지나 예수 그리스도의 복음을 전하고자 하는 게 궁극적인 존재의 목적이다. 열린 마음으로 하나님께서 지으신 자연을 들여다보면, 성경의 기록이 사실임을 발견하게 된다. 과거에 어떤 교육을 받았든 그래서 어떤 고정관념을 갖게 되었든, 창조에 관한 문제는 전문 사역자의 도움을 받는 게 현명한 목회의 방법일 것이다.

사실 한국창조과학회의 산파 역할을 담당하셨던 분은 다름 아닌 C.C.C.의 김준곤 목사였으며, 그 뒤 하용조 목사께서 시무하시는 서울 온누리교회의 전폭적인 지원이 뒤따름으로 오늘의 창조과학이 있게 되었다. 종교개혁을 이끈 마르틴 루터나 20세기 최고의 설교가 중 하나로 존경 받는 영국의 마틴 로이드 존스 목사는 성경의 창조를 기록된 바대로 조금의 의심도 없이 믿었던 사람들이다. 문제는 평신도냐 목사냐가 아니라 결국 우리 믿음의 분량인 것이다. 과연 성경은 우리에게 하나님의 말씀인가? 창세기부터 계시록까지의 모든 말씀이 다 하나님의 말씀인가? 나의 이성으로는 믿기 어려운 내용이 나오더라도 하나님의 영감으로 기록된 말씀이므로 사실로 의심 없이 받아들일 수 있는가? 우리 모두 스스로에게 되짚어 물어 봐야 될 질문이 아닌가 싶다. 차마 드러내 놓고 고민하지는 않았지만 성경의 창조 기록에 왠지 확신이 없는 사역자들이나 시원한 대답을 어디서도 구하지 못해 답답해하던 평신도들, 하나님께서 창조하신 자연의 경이를 통해 말씀의 소중함을 다시 한 번 깨닫고 맘껏 그분을 찬양하기 원하는 주 안에 있는 모든 사람들에게 창조과학 사역이 자그마한 도움이 될 수 있게 되기를 바란다.

하나님은 욥에게 창조과학 세미나를 하셨다?

　　　구약성경 가운데 욥기는 쉽게 이해하기 어려운 책 중의 하나이다. 이제까지 욥기에 대한 많은 주석들이 있었지만, 대체적으로 보면 의인이 이유 없이 받는 고난에 대하여 신학적 설명을 시도하려는 방향으로 초점이 모아져 온 듯싶다.

　　사실 성경에서 욥은 순진하고 정직하여 악에서 떠난 자라고 하나님으로부터 직접 인정을 받았음에도(욥 1: 8) 불구하고, 이유 없이 큰 고통을 받은 자로 기록되어 있다. 욥이 이와 같이 원인 모를 고통 가운데 있을 때에 그에게 세 명의 친구가 찾아와 긴 변론을 하지만 그들의 주장은 한결같이 욥이 받는 고통이 그가 지은 죄로 말미암아 비롯된다는 것이어서, 하나님께 인정받은 욥의 아픈 마음을 위로해 주기에는 역부족이었다. 뒤이어 나타난 엘리후도 비록 한결 고상한 이론을 가지

구약시대 살았던 욥의 상상도

고 욥의 잘못을 나무라지만, 죄 없는 욥은 오히려 침묵으로 답변을 대신하며 더욱 깊은 절망 가운데로 빠져들게 된다.

이런 가운데 드디어 욥기 38장에 이르게 되면, 하나님께서는 직접 폭풍 가운데 나타나셔서 욥에게 한 말씀을 하시는데, 이것은 우리가 기대했던 답변이 전혀 아니다. 욥과 친구들 간의 어려운 신학적 대화 끝에 정작 하나님께서 주신 대답은 시원스런 신학적 답변이 아니라, 현대 과학도 아직 제대로 답변하지 못하는 어려운 과학적 질문들이 대부분이었다.

그러나 하나님께서 보여 주시는 자연의 세계 가운데로 이리저리 옮겨 다니며 질문을 받던 욥은 불현듯 어떤 깨달음을 얻고 다음과 같은 고백을 한다. "내가 주께 대하여 귀로 듣기만 하였삽더니 이제는 눈으로 주를 뵈옵나이다 그러므로 내가 스스로 한하고 티끌과 재 가운데서 회개하나이다"(욥 42:5-6) 무엇이 욥으로 하여금 깨달음을 얻게 하였는가? 이제는 눈으로 주를 본다는 욥의 고백은 무엇을 의미하는가?

그렇다. 하나님께서는 욥에게 다름 아닌 창조과학 세미나를 하신 것이다. 말로 듣기만 하던, 온 우주를 창조하시고 그것들을 주관하시는 창조주의 경륜과 지혜를 하나님께서 욥에게 직접 보여 주신 것이다. 내가 이유 없이 받는 것처럼 보였던 고통까지도 사실은 토기장이이신 그분의 주권과 섭리 속에 있다는 깨달음이, 하나님께서 자신의 눈앞에서 직접 펼치시는 창조과학 세미나를 통해 욥의 마음속에 분명해졌던 것이다.

하나님께서 이 우주를 통치하시고 우리 삶의 주권을 잡고 계시는데 무엇이 우리를 두렵게 할 것인가? 창조과학 세미나는 주의 창조세계를 보여 줌으로 우리를 향한 그분의 크신 사랑과 그것을 이루기 위한 오묘한 섭리를 깨달아 평생에 흔들리지 않는 굳건한 믿음을 갖도록 도와준다. 바로 욥이 경험하였던 것처럼 말이다. 우리에게도 주를 눈으로 보는 것과 같은 확실함이 믿음 가운데 있어야 하지 않겠는가?

기독교 대학과 창조론

기독교 대학이라면 당연히 하나님의 말씀인 성경 66권을 진리로 가르치며 예수 그리스도를 모든 학문의 주인으로 섬김으로써, 이 시대에 우리 사회가 필요로 하는 기독교 지성인을 양성하는 데 주력해야 할 사명이 있음은 우리가 잘 아는 바이다. 이와 같은 기독교 대학의 설립 취지를 성취시키기 위해서는 올바른 성경의 이해와 이를 토대로 한 바른 기독교 세계관의 정립이 절대적임은 두말할 필요도 없다.

모든 성경 중에서도 창세기 1-11장은 전체 성경 교리의 기초가 되는 중요한 내용들을 담고 있어 하나님의 구원 사역과 인류의 기원을 이해하는 데 필요한 귀중한 정보를 제공해 준다. 특히 6일 창조와 에덴동산에서의 인류의 타락, 그리고 전 지구를 덮은 노아 시대의 홍수 사건 등은 그중에서도 매우 중요한 사건들로써, 성경 전체를 통해 볼 때 다른 해석의 여지가 없는 명백한 실제 사건의 기록임에 틀림이 없다. 만약 이들 중 어느 하나라도 사실이 아니거나 단지 신화에 가까운 이야기에 지나지 않는다면, 성경 전체는 설 토대를 잃고 무너지고 만다. 그러므로 진

진화론과의 타협을 통한 창세기의 해석은 곧 말씀의 변절과도 같다

화론이나 혹은 그의 영향을 직접 내지는 간접적으로 받은 소위 자유주의 신학의 창세기 해석은, 사람들로 하여금 성경을 점차 불신하게 하여 결국 믿음에서 떠나게 하는 요인이 된다.

그런데 안타깝게도 오늘날 많은 기독교 대학들이 창세기 1-11장의 내용을 한갓 신화로 취급하며 오히려 진화론적인 우주관을 학생들에게 심어 주어, 장차 미래의 교회와 사회 지도자가 될 사람들이 올바른 성경관과 그에 기초한 바른 기독교 세계관을 제대로 갖추게 될지 의문이다. 몇 년 전 미국의 대표적인 창조과학 연구 단체 중의 하나인 〈Answers in Genesis〉에서 조사하여 발표한 바에 따르면, 미시간 주의 스프링아버대학(Spring Arbor College), 켄터키 주의 애즈버리대학(Asbury college), 혹은 워싱턴 주의 시애틀퍼시픽대학교(Seattle Pacific University) 등을 포함한 오늘날 상당수의 미국 내 대학들이 성경의 창세기 1-11장의 내용을 역사적 사실로 받아들이지 않고 있다

는 것이다. 그런가 하면 소위 복음주의적이라는 학교에서조차도 창세기 1-11장을 진화론적으로 해석하여 가르치고 있어 우리를 더욱 놀라게 하는데, 일리노이 주의 휘튼대학(Wheaton College) 교수인 패틀펀(Pattle Pun)이나, 미시간 주의 칼빈대학(Calvin College) 교수인 데이비스 영(Davis Young) 등은 그 대표적인 사람들이다.

그러나 비록 소수이지만 진화론과 타협하지 않고 창세기의 하나님 말씀을 그대로 전하는 학교도 아직 남아 있는데, 플로리다 주의 펜사콜라대학(Pensacola College), 인디애나 주의 그레이스대학(Grace College), 그리고 캘리포니아 주의 크리스천헤리티지대학(Christian Heritage College) 등이 그 대표적인 예이다. "그러나 내가 이스라엘 가운데 칠천인을 남기리니 다 무릎을 바알에게 꿇지 아니하고 다 그 입을 바알에게 맞추지 아니한 자니라"(왕상 19:18) 타락과 변절의 시대에도 우리에게 희망을 끊임없이 베푸시는 여호와 하나님께 감사와 찬양을 올린다.

제 2 장 성경은 과학적으로 모순이 없다

"창조과학 사역을 하면서 발견하게 되는 한 가지 안타까운 사실은,
많은 사람들이 자신의 믿음을 어떻게 방어해야 하는지 모르거나
혹은 훈련의 부족으로 알고 있는 사실도 잘 전달하지
못하게 되는 경우가 의외로 많다는 것이다."

다시 생각해 보는 창조의 순서와 그 내용

　　　　창조과학 사역을 하면서 성경에 관하여 많은 질문을 받게 되는데, 한번은 어떤 교인으로부터 다음과 같은 질문을 받게 되었다. "창세기 1장과 2장을 보면 창조의 순서에 있어서 언뜻 모순되어 보이는 부분이 있는데, 그 부분을 어떻게 이해하고 있는가?" 하는 질문이었다. 실제로 창세기 1장에 보면 식물이 먼저 창조되고(창 1:11-12) 그 후에 사람이 지은 바 된 것으로(창 1:26-27) 기록되어 있는데, 2장에서는 그 순서가 바뀌어 마치 식물이 사람보다 나중에 창조된 것 같은 인상을 주는 기록이 있다. 때문에 이 부분에 대한 분명한 해석상의 정리가 필요하겠다는 생각을 필자 자신도 하게 되었다. 아울러 이 기회에 창세기 1장과 2장이 서로 어떤 관계에 있으며, 각각의 창조 순서를 과학적 사실로 받아들이는 데 아무런 무리가 없는지도 다시

생각해 볼 필요가 있겠다는 생각이 들었다.

우선 창세기 2장의 성격부터 분명히 이해해 보도록 하자. 앞서 1장에서 연대기적인 창조의 기술이 있은 후 그 결론이 2장 3절까지 이르러서 일단락을 되는 것은 누구나 쉽게 이해할 수 있을 것이다. 그러면 그 뒤에 이어지는 2장의 내용은 무엇인가? 어떤 사람들은 2장에 나오는 창조의 내용은 1장과 서로 다른 창조의 기사를 후대에 와서 편집하여 합쳐 놓은 것이라고 주장하기도 한다. 이 같은 주장은 소위 '문서설'에 그 기초를 두고 있는데, 문서설이란 그 이론 자체에 많은 문제점을 갖고 있을 뿐만 아니라 궁극적으로는 성경의 영감성을 부인하게 만드는 결과를 가져오기 때문에 사실 신앙생활에 별 도움을 주지 못하는 이론이다. 여기서 2장 4절이 뒤에 나오는 창세기 2장 전체의 해석에 어떤 역할을 하는지 살펴볼 필요가 있다. 웨스트민스터신학교의 구약학 교수를 지낸 에드워드 영(Edward J. Young) 박사는 이 구절을 단호하게 표제문으로 본다. 다시 말하면 4절은 앞서 1장의 창조 내용에 대한 종결문이 아니라, 새로운 문단을 여는 표제문으로 봐야 옳다는 것이다. 흥미롭게도 4절에서 사용된 '대략'이라는 단어는 히브리어로 '톨레돗'이라고 부르는 것인데, 이 단어가 창세기에서만 열 번이나 사용되고 있으며, 그때마다 새로운 문단을 시작할 뿐만 아니라 앞서 기술한 어떤 주제에 대하여 보다 구체적이고 자세한 설명으로 범위를 좁혀 가며 기술하고 있음을 발견할 수 있다. 그렇다면 2장 4절에서도 이 구절이 사용됨으로써 앞서 1장에서 기술한 창조의 내용을 이제 보다 자세하게 그중의 어떤 부분에 초점을 맞추어 기술하려고 한다는 게 자명해진다. 결국 창세기 2장은 1장의 내용을 보완하며 동시에 에덴동산으로 창조의 시선을 모아간다. 이는 또한 뒤이어 3장에 나오는 에덴동산에서의 인류 타락과 밀접한 관계를 맺으며, 3장의 이야기를 자연스럽게 끌어들이는 역할을 한다.

창세기 2장의 성격이 1장의 많은 창조 내용 중에서 특히 인간의 창조와 에덴동산의 환경을 1장에 대하여 보완적으로 설명하는 것으로 이해한다면, 그 안에 기록된 창조의 순서와 내용 또한 그런 맥락에서 이해하는 것에 어려움이 없을 것이다. 2장 5절은 분명히 들에는 초목이 아직 없었고 밭에는 채소가 나지 아니하였다고 기록하고 있는데, 여기서 한 가지 주목하여야 할 부분은 '들'과 '밭'은 동일한 원어에서 나온 단어로써 인간의 농사를 암시하는 단어라는 점이다. 실제로 영어 성경은 이 부분을 번역할 때 들의 초목(plant of the field)과 밭의 채소(herb of the field)라는 말에서 같은 'field'라는 단어를 사용하고 있음을 알 수 있으며, 또한 이 같은 사실은 5절 앞부분에 아직 비가 오지 않았다는 사실과 경작할 사람이 없었다는 기록에 의해 더욱 뒷받침되고 있다. 사실 밭(field)이라는 것은 인간이 타락함으로써 얻게 된 결과로, 가시덤불과 엉겅퀴와 싸우면서 이마에 땀을 흘린 후에야 비로소 먹을 수 있는 식물을 얻어 낼 수 있는 땅의 일부를 가리키는 말이 아닌가? 결국 5절에 기록된 내용은 앞서 1장에서 창조의 셋째 날, 풀과 씨 맺는 채소와 씨 가진 열매 맺는 과목으로 표현된 지상의 모든 종류의 식물이 '땅'에는 이미 창조되었으나(창 1:11-12), 인간의 노력에 의하여 땀 흘려 농사지으며 가꾸게 될 '밭'에는 아직 존재하지 않았다는

(창 2:5) 뜻으로 보는 것이 타당할 듯싶다.

그럼 여기서 창세기 1장에 기록된 창조의 순서에 대하여 다시 생각해 보기로 하자. 우선 하나님께서는 창세기 1장 1절의 "태초에 하나님이 천지를 창조하시니라"는 말씀으로 지구와 함께 모든 우주에 필요한 구성 물질을 창조하셨음을 알 수 있다. 특히 여기서 사용된 '창조하다'의 히브리어 'bara'는 무에서 유의 창조를 가리키는 특별한 단어로써 이 일은 오직 하나님만이 하실 수 있는 일임을 분명하게 나타내고 있다. 그러나 이 지구는 아직 혼돈하고 공허한 상태에 있었다(2절). 이제 하나님께서는 빛을 창조하시고 그 빛을 중심으로 지구를 한 바퀴 자전시키심으로, 저녁이 되며 아침을 오게 하여 지구에 첫째 날이 되게 하셨다(3–5절). 여기서 창조된 빛은 태양에서 나오는 게 아니라 우주의 어딘가에서 단지 지구를 비추는 빛의 근원에 대한 창조를 가리킨다고 여겨진다. 한 가지 더 주목할 것은 여기서 창조된 빛은 어떤 사람들이 이야기하듯이 하나님께서 빛을 비추시는 개념이 아니다. 왜냐하면 그렇게 되면 하나님 자신이 피조물이 되는 우스꽝스런 결과를 낳고 말기 때문이다. 둘째 날은 궁창을 만드시고, 물을 둘로 나눠 궁창 위의 물과 그 아래의 물로 나누셨다(6–8절). 여기서 궁창 위의 물은 당시 지구의 환경과 후에 노아의 홍수 사건을 이해하는 데 매우 중요한 단서가 됨을 주목할 필요가 있다. 셋째 날에는 육지가 드러나면서 식물이 만들어진다(9–13절). 식물은 본래 광합성을 할 때 태양 에너지를 필요로 하지만, 이때 창조된 식물은 이미 잎사귀가 무성한 장성한 식물로써 태양이 있기 전에 만들어졌어도 다음 날 태양이 나올 때까지

필리핀과 인도네시아 사이에 위치한 섬나라 팔라우공화국에서 발행한 우표로 창세기 내용을 가지고 도안하였다

충분한 양의 에너지가 이미 그 잎사귀에 저장되어 있었을 것이며, 또한 첫째 날 만들어진 보다 근원적인 빛이 지구를 비추고 있으므로 생존에 필요한 에너지라는 측면에서 하등의 문제가 없음을 알 수 있다. 이어서 하나님께서는 놀랍게도 넷째 날에 가서야 비로소 태양과 달과 별을 만드시는데(14-19절), 태양에서 지구가 떨어져 나왔다는 식의 진화론적 사고와는 정반대의 순서로 창조하셨음을 눈여겨볼 필요가 있다. 뿐만 아니라 당시 이스라엘 주변의 이방 족속들이 한결같이 태양을 신으로 숭배하였던 것을 볼 때 하나님께서 태양을 하나의 피조물로써 넷째 날 만드신 것은 남다른 의미가 있는 것 같다. 이제 태양이 창조됨으로써 지구를 비추는 빛의 역할을 태양과 달 그리고 별들이 맡아

하게 된다. 다섯째 날이 이르러 하늘의 새와 물 속의 생물을 창조하시는데(20-23절), 이때 다시 한 번 'bara'라는 특별 동사가 사용된다. 아마도 이제까지의 식물을 포함한 다른 피조물에는 없는 무언가를 동물을 창조하실 때 새로이 창조하신 것 같다. 어떤 학자는 이것을 'soul'로 보는데 꽤 설득력이 있는 생각이다. 이제 여섯째 날이 이르러서는 땅 위의 모든 생물과 사람을 지으시는데(24-31절), 사람을 창조하실 때 다시 한 번 'bara'가 사용됨으로 이제까지의 피조물에는 없는 근본적인 새로운 것을 사람에게 새로이 창조하여 주심을 볼 수 있다. 동물을 포함한 모든 다른 피조물에서는 찾아 볼 수 없고 오직 사람만이 갖고 있는 것이 무엇일까? 바로 하나님의 형상, 즉 'spirit'이 아닐까?

그런데 하나님께서는 왜 하필이면 6일간에 걸쳐서 창조를 하셨을까? 그분은 본래 전능하셔서 단 하루 만에도 천지를 지으실 수 있는 분이 아닌가? 그 이유는 바로 하나님께서 7일째 되는 날 친히 안식을 하심으로(창 2:1-3), 우리도 하나님처럼 6일 동안 힘써 일하고 7일에는 안식하여 여호와 하나님을 기억하는 날을 갖기를 원하셨기 때문이다(출 20:8-11). 이것은 매우 중요한 진리임에 틀림이 없다. 진화론적 사고에 익숙하여 창조의 각 하루를 수억 년의 긴 연대로 인식하는 혹자들에게는 6일 창조의 내용이 오히려 당황스럽기 짝이 없다. 가령 셋째 날 만들어진 식물이 수억 년 동안을 태양도 없이 어떻게 살 수 있겠는가? 6일의 노동 후 7일째 되는 날 갖는 안식의 개념은 또 어떻게 설명하겠는가? 하나님께서 수억 년을 안식하셨어야만 된다는 결론이 아닌가? 성경은 창조의 기록에 있어서 분명하다. 창세기 1장은 창조의 순서를 6일간에 걸쳐 명시하고 2장에서는 초점을 에덴동산으로 모아 3장에서 타락된 존재로서의 우리의 실체를 밝힐 준비를 한다. 창세기 1~2장은 하나님의 계시가 아니고는 인간이 상상하여 쓸 수 있는 종류의 글이 아니다. 여기에 성경의 위대함이 있다.

이브의 배꼽, 아담의 갈비뼈

얼마 전의 일이다. 집에서 가족과 함께 저녁 식사를 마친 후에 이런 저런 대화를 나누다가 화제가 "아담과 이브도 우리처럼 배꼽이 있었을까?"하는 쪽으로 넘어 가게 되었다. 은근히 재미있을 것 같다는 생각이 들어 당시 초등학교 1, 2학년에 재학 중이던 필자의 두 아이에게 생각을 물어 보니, 둘 다 대답이 같게 나왔다. 아담과 이브도 우리와 똑같은 사람이었으므로 당연히 배꼽이 있었을 것이라는 생각이었다. 창세기에 나오는 아담과 이브를 역사적으로 실재했던 우리와 똑같은 모습을 한 사람이라고 생각해 주는 사실이 고맙고 기특하기도 했지만, 한 가지 중요한 사실을 아이들이 놓치고 있음을 발견하고 조금은 아쉬운 느낌도 들었다.

아담은 하나님께서 만드신 최초의 인간이다. 성경은 그 과정을, 하나님께서 아담을 흙으로 빚어 그 안에 생기를 불어넣으심으로 지으셨다고(창 2:7) 기록하고 있다. 즉, 이 말은 아담은 오늘날의 우리와는 달리 엄마의 자궁 속에서 수태되어 지은 바 된 것이 아니라는 이야기이다. 이 사실은 이브에게도 마찬가지여서, 이브 또한 누구의 뱃속에도 들어 있지 않은 채로 하나님의 지으심을 일어 사람이 되었다. 그렇다면 아담과 이브는 과연 우리 아이들의 대답대로 배꼽이 있었을까? 오늘날 우리가 잘 아는 대로 아기는 엄마의 자궁 속에 있을 때 필요한 영양분을 탯줄이라는 기관을 통해서 공급받는데, 아기가 태어나면 이제 이 탯줄은 더 이상 필요가 없게 되므로 출생과 동시에 잘라 버린다. 배꼽은 바로 이 탯줄이 붙어 있던 자리가 흔적으로 남은 것이다. 그러므로 모든 사람은 누구나 다 엄마의 자궁 속에서 적당한 기간을 보내고서야 출생을 하게 되므로, 모든 사람이 예외 없이 그 증거로 배꼽을 자신의 배 한가운데에 지니고 다니게 된다. 만약 누군가가 엄마의 자궁을 통해서 출생하지 않을 수 있었다면 그는 틀림없이 다른 사람들과는 달리 배꼽을 지니지 않았을 것인데, 바로 하나님께서 최초로 만드신 아담과 이브가 유일한 그 예가 될 것이다.

여기까지 설명을 마치고 이제는 바뀌었을 아이들의 대답을 기대하면서 다시 똑같은 질문을 던졌는데, 뜻밖에도 이번에는 두 아이의 대답이 다르게 나왔다. 큰 아이는 여전히 그래도 아담과 이브에게는 배꼽이 있었을 것 같다는 주장이었다. 그 이유인즉슨, 비록 그들이 엄마의 자궁 속에 존재치 않았다 하더라도 그 뒤에 태어나는 그들의 자손들과 서로 다르게 보이지 않도록 하나님께서 배꼽을 따로 만들어 붙이셨을 것 같다는 생각이었다. 여기서 그만 우리 모두는 큰 소리로 웃고 말았다. 그거야 진짜 하나님만 아실 일이라고 결론을 내림으로 그 대화는 끝을 냈지만, 그날 밤에도 필자는 여전히 아담과 이브에게는 우리와 같은 배꼽은 없었을 것이라는 생각을 바꿀 수가 없었다. 왜냐하면 아담과 이브에게 배꼽이 없다면, 배꼽 없는 그들을 바라볼 때마다 그 자손들은 자연스럽게 하나님의 존재를 인정할 수밖에 없지 않았겠는가? 그것은 우리 인간 존재의 기원에 대한 무엇보다도 확고부동한 창조론적 증거가 아니겠는가? 어느 누가 배꼽 없는 그들을 보면서 감히 인간이 원숭이로부터 진화했다고 말할 수 있으며, 지구의 나이가 수십억 년이나 되었다고 말할 수 있었겠는가? 배꼽 없는 아담과 이브는 당시에 같이 살았던 후손들에게 인간이 하나님에 의해 지은 바 되었을 뿐만 아니라, 바로 그들의 나이를 헤아림으로써 지구의 나이 또한 가르쳐 주는 역할도 할 수 있었을 것이다. 아무리 생각해도 이런 것들을 너무나도 잘 아실 하나님께서 아담과 이브에게 굳이 가짜 배꼽을 만들어 붙이셨을 것 같지는 않았다.

아담의 배꼽과 관련지어 이따금씩 성경을 믿지 않는 사람들이 성경의 내용을 조롱하는 것 중의 하나가, 성경대로라면 남자의 갈비뼈 수가 여자보다 한 개 모자라야 하는데 실제로는 그렇지 않으므로 성경은 한갓 꾸며 낸 이야기에 지나지 않는다는 것이다. 실제로 성경(창 2:21-22)에 보면 하나님께서 아담의 갈비뼈 하나를 취하셔서 이브를 만드셨다고 되어 있으므로, 분명 하나님께서 아담의 갈비뼈 하나를 취하신 것은 사실일 것이다. 그런데 문제는 아담이 갈비뼈 한 개를 상실

미켈란젤로가 이탈리아의 시스티나성당의 천정에 그린 〈천지창조〉의 한 부분

했다 하더라도 그의 자손은 여전히 완전한 수의 갈비뼈를 갖고 태어나게 되어 있다는 것이다. 생물학적으로는 이와 같은 현상을 가리켜서 '획득형질은 유전되지 않는다' 고 설명하는데, 쉽게 예를 들어 보기로 하자.

가령 우리가 사고로 눈을 한 쪽 다치거나 팔을 하나 잃게 되었다고 하였을 때, 그 뒤로 태어나는 모든 우리의 자손들이 팔이나 눈이 하나인 채로 태어난다면, 우리가 살아 있을 때 새로이 얻게 된 소위 '획득형질' 이 우리의 다음 세대에게로 '유전' 된다고 할 수 있을 것이다. 그러나 우리가 경험적으로 관찰을 통하여 아는 사실은 아무리 우리가 사고로 팔 다리를 잃게 되었다 하더라도 여전히 우리의 자손은 두 팔과 두 다리를 갖고 태어난다는 사실이다. 과거 19세기에 프랑스의 라마르크(Lamarck)라는 사람은 이와 비슷한 생각을 가지고, 기린의 목이 긴 이유를 다음과 같이 설명한 적이 있었다. 처음에 기린의 목은 그리 길지 않았는데, 높은 나뭇가지에 있는 열매를 따먹으려고 자꾸 목을 뻗음으로 목이 길어지게 되었고, 그 뒤 그의 자손들이 그 형질을 물려받아 기린의 목이 모두 길게 되었다는 것이다. 이와 같은 이론을 가리켜

‘용불용설’이라고 불렀는데 그 뒤 유전학적 지식이 늘어남에 따라 사실이 아님이 밝혀지게 되었고, 따라서 획득형질이 유전되지 않는다는 사실은 유전학에 있어서 하나의 법칙이 되었다.

이 같은 유전학적 법칙에 비춰 볼 때, 아담이 갈비뼈 하나를 잃은 사실은 그에게만 국한되는 일이요, 그의 자손에게는 아무런 영향을 주지 않는 일임을 쉽게 알 수 있다. 따라서 성경의 이 기록을 가지고 오늘날 남자의 갈비뼈와 여자의 갈비뼈 수가 같다는 사실에 대해서 성경의 기록이 마치 잘못된 것인 양 놀리는 것은 전혀 이치에 맞지 않는 이야기이다.

여기서 한 걸음 더 나아가, 그러면 과연 하나님께서 갈비뼈 하나를 취하신 이후로 아담은 평생 갈비뼈 한 개가 모자라는 채로 그의 생을 살았을지 생각해 보기로 하자. 우리 몸을 잘 관찰해 보면 갈비뼈는 골막이라고 하는 섬유성 조직에 의하여 덮여 있음을 알 수 있는데, 이 골막 조직은 바로 그 안에 있는 뼈를 만들어 내고 또 영양을 공급해 주는 역할을 함으로, 이 조직만 살아 있으면 갈비뼈가 다시 재생되어 생겨날 수 있게 되어 있다. 그렇기 때문에 오늘날 병원에서 갈비뼈를 잘라 내는 수술을 하더라도 의사들이 이 골막 조직을 다치지 않도록 조심스럽게 잘라내면, 차츰 갈비뼈가 재생되어 수술 후에 곧 상처가 아물고 원래의 모습으로 회복된다. 그렇다면 누구보다 이 사실을 잘 아시는 하나님께서 아담을 잠재우고 갈비뼈를 꺼내는 수술을 하실 때 왜 이 골막 조직을 남겨 두지 않으셨겠는가? 어쩌면 아담의 갈비뼈는 얼마 후 멋지게 재생이 되어 하나님의 수술로 인한 아무런 불편도 겪지 않고 지내게 되었을지도 모르겠다.

사람들은 때로 놀라울 정도로 성경을 믿지 않으려고 한다. 그것은 어쩌면 성경이 누구라도 읽고 이해할 수 있도록 너무나도 쉽게 쓰여 있는 까닭인지도 모르겠다. 어떤 사람들은 성경을 읽으면서도 성경적으로 세상을 이해하는 훈련이 부족하다. 가령 우리는 노아 시대의 홍수로 인해 하나님께서 처음 창조하실 때와는 다른 세상에 살고 있는데, 성경을 통해 이 같은 사실을 바로 보지 못하면 창세기의 많은 부분을 이해하지 못하게 된다. 처음에 아담과 이브에게 배꼽이 있었을 것이라고 생각했던 우리 아이들처럼, 성경의 기록에 충실하기보다는 현재 우리가 경험하는 세상의 눈으로 성경을 보면 성경의 많은 중요한 진리들을 놓치게 된다. 성경에 대한 바른 이해는 우리의 신앙에 중요한 영향을 미친다. 창조과학은 정확한 과학적 근거를 토대로 잘못된 성경의 이해를 바로잡는 데 하나님께서 사용하시는 도구이다. 성경을 정확무오한 하나님의 말씀으로 믿을 뿐만 아니라, 역사적인 그 기록을 토대로 세상을 바라보는 바른 세계관의 정립이 우리 모두에게 절실히 필요하다.

가인은 어디서 아내를 얻었는가?

창조과학 사역을 하면서 발견하게 되는 한 가지 안타까운 사실은, 많은 사람들이 자신의 믿음을 어떻게 방어해야 하는지 모르거나 혹은 훈련의 부족으로 알고 있는 사실도 잘 전달하지 못하는 경우가 의외로 많다는 것이다. 특히 성경 내에서 역사적 또는 과학적 확실성을 요구하는 구절에 가서는 전혀 답변을 할 준비가 안 되어 있는 경우가 많아 대부분 그냥 지나쳐 버리든지 아니면 무조건 믿음으로 받아들이고 마는 경우가 태반이다. 물론 우리의 제한된 지식으로 성경의 모든 내용을 다 알 수 있다는 것은 어쩌면 영원히 불가능한 일일지도 모르지만, 조금만 곰곰이 생각해 보면 그 답을 알 수 있는 내용 또한 상당히 많다.

그중에서도 아마 많은 사람들이 성경을 읽다가 한 번쯤은 궁금하게

많은 사람들이 성경을 읽다가 부딪치는 질문 가운데 하나는 "가인이 어디서 아내를 얻었는가?" 하는 것이다

여겼을 대표적인 질문은 바로 "가인은 어디서 아내를 얻었는가?" 하는 것일 것이다. 얼핏 보면 지극히 사소해 보이는, 그래서 웬만한 교회의 성경 공부 시간에 이런 질문에 대한 답을 찾는 노력 같은 것도 별로 해 보지 않았을 내용이지만, 이렇게 사소해 보이는 질문 하나도 그 답이 교회에서 주어지지 않았을 경우 얼마든지 한 사람의 영혼을 교회로부터 멀어지게 하고 그의 믿음을 실족시킬 수도 있음을 생각해 볼 때, 이런 질문에 적합한 대답을 준비할 수 있도록 성경을 연구하고 적절한 훈련을 받도록 하는 일이 매우 중요함을 알 수 있다. 전 세계의 가장 많은 시청자가 보았다는 "우주(*Cosmos*)"라는 천체 우주 다큐멘터리 프로그램으로 유명한 칼 세이건(Carl Sagan) 박사는, 그의 자서전격인 소설 『접촉(*contact*)』에서 다음과 같은 놀라운 고백을 한다. 자신은 어렸을 때 주일 학교에 다녔는데, 어느 날 성경을 읽다가 가인은 어

세계적으로 유명한 다큐멘터리 "우주"를 만든
천문학자 칼 세이건

디서 아내를 얻었는지가 궁금했으나 교회에서 그에 대한 답을 얻지 못하자, 차츰 성경을 불신하기 시작하여 마침내는 교회를 떠나게 되었다는 것이다. 우리가 잘 아는 바와 같이 칼 세이건은 그 후 철저한 진화론자로 탈바꿈하여, 인간보다 고등한 외계의 생명체를 찾아보겠다고 수억의 돈을 투자하여 설립한 천체 망원경을 가지고 외계에서 오는 라디오 신호를 찾는 데 그의 일생을 주력하였을 뿐만 아니라, 그의 진화론적 세계관을 토대로 낙태를 옹호하는 주장을 펴기도 하였다. 결국 사소한 (?) 질문에 대한 답변이 준비되지 못했던 교회는 한 영혼을 잃어버렸을 뿐만 아니라, 당대에 가장 영향력 있는 반기독교 인물을 배출하는 데 간접적인 역할을 하고만 셈이 되어 버렸다.

그런가 하면 1925년 미국 테네시 주에서 열려 세인의 관심을 크게 끌었던 소위 '원숭이 재판'에서는, 당시 대표적인 기독교 지성으로 잘 알려져 있던 윌리엄 브라이언(William J. Bryan)이 피고측 변호인으로 나섰던 대로 클라렌스 대로우(Clarence Darrow)의 여러 가지 질문에 답해야 하는 상황이 벌어졌는데, 여기서 브라이언은 특히 여러 가지 난해한 성경 구절들을 골라 질문해 대는 대로우에게 이렇다 할 답변을 시원하게 하지 못하고 얼렁뚱땅 넘어감으로 말미암아, 이 재판이 끝나고 난 뒤에 마치 그가 무식하고 근시안적이며 맹신적인 기독교인의 대표적인 인물이라도 되는 양 매체에 묘사되는 데 이용당하게 되었다. 대로우는 여러 가지 질문을 하였는데, 그중 하나가 바로 가인은 어디서 아내를 얻었는가 하는 것이었다. 복음의 내용을 누구보다 잘 알고 있었고 사회적인 여러 가지 이슈에도 관심이 많았던 브라이언이었지만, 언뜻 사소해 보이는 성경의 몇 가지 구절이나 그와 관련된 질문들에는 미처 대답할 준비가 되어 있지 않았던 탓에 마치 자기 자신뿐만 아니라 자신이 믿고 있는 기독교 전체가 비합리적이고 맹신적인 믿음의 바탕 위에 서 있는 것 같은 인상을 세인들에게 주고 만 것이다.

자, 그러면 과연 가인은 어디서 아내를 얻었는지 그 답을 찾아보기로 하자. 우선 성경은 아담이 첫 사람이며(고전 15:45), 그의 아내 하와는 모든 산 자의 어미가 되었다고(창 3:20) 기록하고 있으므로, 모든 인류는 아담과 하와 두 사람으로부터 시작되었음을 알 수 있다. 또 성경은 아담이 930세까지 살았으며 그 동안에 많은 자녀들을 낳았다고(창 5:4-5) 기록하고 있으므로, 아담의 큰아들인 가인에게는 배필로 삼을 만한 그의 여동생이 많이 있었음을 알 수 있다. 뿐만 아니라 아담의 자손들이 계속하여 인구를 늘려갔을 것이므로, 가인은 필경 당시 아주 큰 인구를 이루었을 아담의 자손 중에서 아내를 얻었을 것이 분명하다. 여기서 한 가지 분명히 짚고 넘어가야 할 점은, 생육하고 번성하여 땅에 충만하라는 당시 하나님께서 인류에게 주신 최초의 명령을(창 1:28) 수행하기 위해서는 어느 정도 인류가 번성하여 자리를 잡기까지 이 같은 근친간의 결혼은 불가피한 방법이었다는 것이다.

　　그러나 이 같은 방법의 결혼은 시간이 지남에 따라 점차 줄어들다가 모세의 때가 되었을 때에 비로소 하나님께서 율법으로 금하시는데 (레 18-20장), 이는 사회적인 안정을 얻기 위한 목적도 있지만 또한 근친간의 결혼을 통한 유전적인 위험성도 상당히 커졌기 때문이기도 하다. 왜냐하면 인류가 세대를 거듭하면서 그 유전인자에 여러 가지 환경 요인으로 인한 결함이 많이 늘어나게 되고 근친간의 결혼은 이와 같은 유전적 결함을 유전병으로 발현시킬 확률이 높기 때문이다. 하지만 아담 이후 초기의 인류에게는 근친끼리 결혼을 하더라도 아직 이같은 유전적 위험이 나타날 만큼 심각한 상황은 아니었을 것이다. 왜냐하면 당시는 하나님께서 인간을 만드시고 얼마 되지 않은 때이므로 대부분의 사람들이 매우 건강하게 장수하였음을 성경에 나타나는 족장들의 나이를 통해 알 수 있기 때문이다. 실제로 성경을 잘 읽어 보면 노아의 홍수를 기점으로 족장들의 나이가 급격히 감소함을 발견할 수 있어, 아담이 창조된 때부터 홍수 이전까지의 대기와 환경은 사람들이 건강하게 장수하기에 적합하였음을 충분히 짐작하게 해 준다.

　　그렇다면 여기서 한 걸음 더 나아가서 가인이 범죄한 후에 만나기를 두려워한 사람들은 누구였는지 살펴보기로 하자. 성경에 보면 가인이 범죄한 후에 아담은 셋을 새 아들로 얻었는데 그때 그의 나이가 130세였다고(창 5:3) 기록되어 있다. 한 세대를 25년으로 잡고 세대당 평균 8명의 자녀를 낳았다고 가정—이것은 당시 사람들의 건강과 자손을 번성하라는 하나님의 명령을 고려할 때 비교적 적게 잡은 숫자임—하면 아담의 나이 130세가 될 때에는 이미 5세대를 지나 적어도

2,000명 이상의 인구가 생겨나게 된다. 그러므로 가인이 범죄하였을 당시에만 하더라도 이미 상당히 많은 수의 아담의 자손들이 주변에 퍼져 살았을 것이다. 성경에 보면 가인은 범죄한 후에 땅에서 유리하는 자가 되어 다른 사람을 만나 죽임을 당할까 염려하였는데(창 4:14), 이들은 바로 다름 아닌 주변에 흩어져 살던 가인의 친족이었음을 쉽게 짐작할 수 있을 것이다.

성경은 분명 역사책이 아니요, 과학책은 더더구나 아니다. 하지만 성경에 어떤 역사적 혹은 과학적 기록이 나올 때는 이것은 분명 사실이다. 가인이 만나기를 두려워했다는 사람들이나(창 4:14) 그가 결혼하여 아내를 얻었다는(창 4:17) 기록은, 성경의 기록을 토대로 당시의 상황을 다시 추적하여 그려 보면 역사적으로 별 어려움 없이 그리고 과학적으로도 아무런 모순 없이 받아들일 수 있는 내용이다. 우리가 성경을 읽다 보면 가끔 이해하기 어려운 구절을 접하게 될 때가 있다. 이럴 때는 우리에게 필요한 말씀은 하나도 빠진 것이 없다는 믿음을 가지고 성경을 자세히 읽어 보라(사 34:16). 하나님께서 그 답을 주실 것이다. 적어도 제2의 칼 세이건과 같은 이는 나오지 않아야 하지 않겠는가?

노아의 홍수는 과연 전 지구를 덮었는가?

구약 창세기에 나타난 노아 시대의 홍수 기록은 교회에 다니지 않는 사람들뿐만 아니라, 많은 자유주의 신학자들에 의해서도 이 땅에 실제로 있었던 역사적 사건이라기보다는 하나의 신화나 전설로 취급받아 온 성경에 기록된 대표적 사건이다. 이 노아의 홍수 사건은 특히 인본주의 교육의 영향을 받은 대부분의 매스 미디어 제작자들에 의하여 기회가 있을 때마다 더욱 왜곡된 모습으로 묘사되었는데, 그들은 대부분 성경에 기록된 이 전무후무한 사건을 과거에 중동 지방에서 발생했던 수많은 지역 홍수 중의 한 가지 정도로 축소하여 소개하고 있다. 비근한 예로, 얼마 전 미국의 CBS 채널을 통해 방영된 "노아의 방주"라는 드라마나, 전 세계적으로 수많은 독자를 확보하고 있는 *National Geographic* 같은 잡지에 크게 보도된 바 있는 '흑해

에서 일어난 노아 홍수의 증거 발견' 같은 내용의 기사를 찾아볼 수 있
는데, 이들은 한결같이 성경의 내용을 왜곡할 뿐만 아니라, 많은 사람
들로 하여금 성경을 불신하도록 만드는 데 일조하고 있다.

많은 사람들이 성경이 말하는 것과 같은 규모의 전 세계를 덮은 노
아의 홍수 사건을 실제 역사적 사건으로 받아들이지 못하는 결정적인
두 가지 이유는, 아마도 첫째 '어떻게 전 지구를 덮을 만큼 많은 비가
올 수 있었겠는가' 하는 의심과, 둘째 '그 물들이 지금은 다 어디로 가
고 없는가' 하는 의문 때문인 것 같다. 노아의 홍수 사건은 과거에 일
어난 사건이므로, 현재 우리가 관찰하거나 실험실에서 반복 실험을 통
해 과학적으로 증명해 낼 수 있는 성질의 주제는 아니지만, 이제까지
우리가 경험적으로 알고 있고 또 실험을 통해 밝혀낸 여러 가지 다양
한 과학적 지식들을 통해 간접적으로나마 그 과학적 타당성을 재어 볼
수는 있다. 이 같은 접근 방법은 오랜 세월 동안 동일 과정을 거쳐 지
층이 형성되어 왔다고 가르치는 진화론적 모델에도 똑같이 적용이 되

는 문제인데, 우리는 이와 같은 방법을 통해서 어느 모델이 보다 합리적으로 사실과 부합되게 설명을 잘하는지 가늠해 볼 수 있을 것이다.

그럼 여기서 홍수가 어떻게 시작되었는지를 알기 위해서 먼저 창세기에 기록된 창조 내용을 자세히 읽어 보자. 우리는 성경에서 하나님께서 둘째 날에 하늘을 지으실 때 궁창 아래의 물과 궁창 위의 물로 나누어 놓으신 것을(창 1:6-7) 발견할 수 있다. 이 말은 우리가 오늘날 보는 하늘과는 달리 창조 당시에는 하늘에 지구를 덮는 물층이 있었다는 말이 된다. 이 말이 사실이라면 그 물층으로 인하여 지구 전 지역의 기후는 따뜻한 아열대성 기후를 갖게 되었을 것이고, 동시에 우주에서 떨어지는 해로운 고주파선으로부터 지구의 생명을 보호하는 역할을 그 물층이 하게 되므로 그야말로 지상의 생물에게는 최적의 환경을 제공하였다고 추정할 수 있다. 지금은 얼음으로 덮여 있는 시베리아나 극지방에서 아열대 기후에서 자라는 활엽수 숲의 화석이 발견되는 것과 공룡과 같이 거대한 몸집을 한 파충류가 과거 이 땅에 번성하였던 사실 그리고 창세기에 기록된 홍수 이전 족장들의 수명이 900세 이상 장수하였던 사실들은 모두 지구를 둘러싼 물층의 존재하에서 과학적인 설명이 가능한 내용들이다. 창세기 7장 11절은 이어서 "그날에 큰 깊음의 샘들이 터지며, 하늘의 창들이 열려" 사십 주야 동안 비가 땅에 쏟아졌다고 기록하고 있다. 여기서 하늘의 창들이 열렸다는 말은 바로 지구를 둘러싸고 있던 물이 땅으로 쏟아졌다는 이야기로 해석되며, 동시에 큰 깊음의 샘들이 터졌다는 말은 전 지구적으로 펼쳐져 있는 해저 화산이 폭발한 것으로 추정된다. 이 같은 폭발은 거대한 해일을 일으켜 바닷물이 육지를 침범할 수 있도록 함으로, 위에서 내리는 비와 함께 전 지구를 물에 잠기게 하기에 충분하였을 것이라고 창조과학자들은 믿고 있다.

지구 곳곳에서 발견되는 염호—호수이면서도 바닷물과 같은 염분을 함유—의 존재나 전 지구를 덮고 있는 거대한 퇴적암층의 존재 그리고 그 속에서 발견되는 대규모 화석 무덤과 석탄층의 존재 등은 과거 이 지구가 한때 물속에 잠겼었다는 과학적 증거들이다. 뿐만 아니라 과거 진화론자들은 그랜드 캐니언의 장엄한 협곡 같은 지층의 구조도 그것들이 오랜 세월에 걸쳐서 조금씩 깎여서 형성되었다고 생각하였지만, 최근에는 새로운 과학적 증거들에 의하여 오히려 홍수와 같은 격변에 의해서 단시일 내에 형성되었다고 믿는 지질학자들이 늘어나고 있는 실정이다. 그렇다면 노아의 홍수 때 이 지구를 가득 채웠던 그 많던 물은 지금 어디로 가고 없는 것일까?

성경에 보면 홍수 후에 하나님께서 바람을 불게 하시어 물을 감하셨다는(창 8:1) 기록이 나오는데 이는 물의 증발을 의미한다. 오늘날 극지방에 존재하는 빙하가 다 녹으면 해수면의 상승을 가져와 일부 도시는 물에 잠기게 될 것이라고 과학자들은 염려하고 있는데, 이는 홍수때 상당 부분의 물이 오늘날 빙하로 갇히게 되었음을 말해 준다. 한편 시편에는 온 땅을 덮었던 바닷물이 주의 정하신 처소로 빠져 나갈 때에 산은 오르고 골짜기는 내려가는(시 104:6-9) 대규모 조산 운동이 일어났음을 암시하는 구절이 나오는데, 이 또한 홍수 후 해수면이 낮아짐으로 물들이 땅에서 물러갔음을 보여 준다. 오늘날 히말라야 산

맥처럼 과거 대규모의 조산 운동에 의하여 형성된 것으로 여겨지는 장소에서 바다 속에 존재하는 조개나 물고기의 화석이 발견되는 것은 그같은 사실을 잘 뒷받침해 주고 있다.

결국 과학적 자료는 전 지구를 덮은 홍수를 충분히 잘 뒷받침해 주고 있으며, 오히려 전에는 잘 이해가 안 되던 지질학의 문제들도 성경적 홍수 모델을 통하여 적절한 대답을 찾아내는 데 도움을 주고 있다. 그러면 과학을 떠나 순수 성경적 입장에서만 볼 때라도, 과연 노아의 홍수가 지역적 홍수이어야 하는 이유라도 있는가? 이 점에 있어서 성경은 단호하게 노아의 홍수는 전 지구를 덮은 홍수임을 여기저기서 수차례에 걸쳐 밝히고 있다. 첫째, 노아의 홍수로 인해 타락한 인류뿐만 아니라 그들이 살던 이 땅까지 함께 심판을 받았다(창 6:13). 둘째, 이 홍수로 인해 천하의 높은 산이 다 물에 잠겼다(창 7:19). 셋째, 홍수가 시작해서 끝나기까지 1년이 넘는 기간이 걸렸는데(창 7:11, 8:13), 이 말은 홍수의 규모가 전 지구적임을 시사한다. 넷째, 하나님께서 다시는 이와 같은 홍수로 심판하시지 않겠다고 약속하셨는데(창 9:11, 15-16), 만약 노아의 홍수가 지역 홍수라면 그 후로도 수없이 많은 지역 홍수를 허락하신 하나님께서는 결국 거짓말을 하신 셈이 된다. 이는 오직 성경에 기록된 그대로, 전 지구를 덮는 홍수로는 다시 인류를 심판하지 않겠다는 의미로써만 하나님의 약속이 지켜질 수 있음을 보여 준다.

만일 노아의 홍수 사건이 단지 그 지역에만 국한되어 나타난 지역 홍수였다면 사람들은 얼마든지 옆의 다른 지역으로 이주함으로써 심판을 피할 수 있었을 것이므로, 성경이 알리고자 하는 당시 사람들의 타락한 모습과 이에 따른 하나님의 심판의 메시지가 사실 우스꽝스러워지고 만다. 그렇기 때문에 인본주의의 영향을 받은 오늘날의 자유주의 신학적 해석은 노아의 홍수를 어떻게 해서든지 지역 홍수로 축소시키려고 애를 쓰는지도 모르겠다. 하나님의 말씀을 바로 전해야 하는 오늘날의 교회가 만약 이 부분에서 분명한 성경적 입장에 서서 바른 목소리를 내지 않고 자유주의 신학적 해석으로 노아의 홍수 사건을 가르친다면, 이는 스스로 성경을 부인하는 결과를 초래하는 것일 뿐만 아니라 압도하는 과학적 증거와도 모순이 되어, 결국 잘못된 진화론적 과학에 영향을 받아 과학에 발맞추려다 오히려 올바른 과학적 자료로 인해 창피를 당하는 우스꽝스러운 꼴이 될 수도 있다. 예수님은 인자의 때가 노아의 때와 같을 것이라고(마 24:37-39; 눅 17:26-27) 말씀하심으로, 노아의 홍수 사건이 갖는 예언적 중요성에 대하여 강조하셨다. 오늘날 우리가 사는 이 세대는 자기의 정욕을 좇아 행하며 주의 재림의 약속을 기롱하면서(벧후 3:3-7), 노아의 홍수 또한 역사적 사실로 받아들이지 않고 있다. 교회는 이 세대를 향하여 분명한 메시지를 선포해야 할 책임이 있다. 노아의 홍수에 대한 올바른 메시지는 이 세대에게 하나님의 선하시고 기뻐하시고 온전하신 뜻이 무엇인지 분별하여(롬 12:2), 다시 오실 인자의 때를 기다리게 한다. 우리 모두 깨어 기도해야 할 때이다.

그 많은 동물이 다 방주 안에?

성경에 기록된 사건들을 실제로 일어났던 사건으로 받아들이기를 거부하는 회의론자들에게 특히 많은 조롱을 받았던 성경 기록 중 하나는 아마도 노아의 방주일 것이다. 성경은 기록하기를, 육지에 있어 코로 생물의 기식을 호흡하는 것은 다 죽었으나 노아와 함께 방주에 있던 그의 가족과 동물들은 생명을 보존하였다고(창 7:22-23) 한다. 그렇다면 홍수 이후 오늘날 우리가 보는 모든 지상의 동물들은 과거 노아의 홍수 때 방주 안에서 생명을 보전하였던 그 동물들로부터 비롯되었다는 말이 되는데, 과연 노아의 방주 속에 그 많은 동물들을 한 쌍씩 실을만한 충분한 공간이 있었을까?

성경은 방주의 제도를 길이가 300규빗, 넓이가 50규빗, 그리고 높이가 30규빗이라고(창 6:15) 분명하게 기록하고 있는데, 한 규빗을 대

노아의 방주에는 지상에서 호흡하는 생물 가운데 각 종류대로 한 쌍씩 실렸다

략 45센티미터로 보면 길이가 약 140미터, 넓이가 23미터, 그리고 높이가 14미터가 되어, 방주의 크기는 미국의 철도 화물 차량 522칸에 해당하는 부피를 가지게 된다. 그런데 화물 차량 한 칸에는 대략 240마리의 양을 실을 수 있다고 하니, 방주 안에 양을 싣는다면 자그마치 125,280마리의 양이 들어갈 수 있게 된다. 자, 그러면 이제 지상의 동물 가운데 방주에 들어갈 동물의 수를 헤아려 보기로 하자.

하나님께서는 노아에게 홍수로 인하여 땅에서 생명의 기식이 있는 육체가 다 멸절할 것이므로(창 6:17), 새와 육축과 땅에 기는 모든 것을 각각 종류대로 한 쌍씩 그 생명을 보전케 하라고(창 6:20) 말씀하셨다. 오늘날 지구상에 살아있는 동물 중 이 범주에 해당하는 것은 우리가 소위 포유류, 조류, 그리고 파충류와 양서류라고 부르는 것들로써 이들 모두를 합한 종의 수는 대략 17,600종인 것으로 알려져 있다. 그

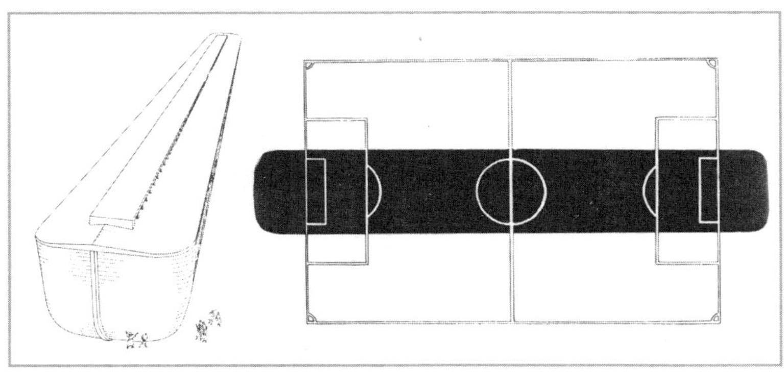

노아의 방주를 성경에 나온 제도대로 만들어 본 모형

노아의 방주는 국제 축구 경기장의 양 끝을 조금 넘는 길이이다

러므로 이들을 한 쌍씩 실으려면 35,200마리의 동물이 필요하게 되는데, 이들의 몸의 크기는 각기 다르지만 한 계산에 의하면 이들을 크기 순으로 배열하였을 때 중간에 위치하는 동물은 대략 조그마한 쥐의 크기에 해당되며 양보다 더 큰 동물은 대략 11퍼센트 정도밖에 되지 않는다고 한다. 그러나 여유 있게 잡아 이들의 평균 크기를 양으로 생각한다면 방주에 실어야 할 동물의 수는 결국 양 35,200마리에 해당하게 되고, 앞서 말한 바대로 방주에는 125,280마리의 양을 실을 수 있으므로 이들 동물을 각 종의 수대로 한 쌍씩 싣고도 그 두 배 이상의 공간이 남게 된다는 계산이다. 아마도 방주의 남는 공간에는 노아의 식구와 동물들이 먹을 식량, 그들의 배설물, 그리고 통풍을 위한 여유 공간으로 쓰였을 것이다. 그런데 여기에서 성경이 말하는 '종류'(히브리어로 'min')라는 단어가 실제로 오늘날 생물학자들이 정의하는 종을 지칭하는 것인지는 분명하지 않은데, 창조과학자들은 대체로 성경

에서 말하는 종류를 적어도 생물 분류학상의 '속(屬)'이나 '과(科)'에 해당하는 개념으로 받아들이고 있다. 그렇다면 방주에 들어갈 동물의 수는 더욱 줄어들게 되어 방주는 그들을 수용하고도 충분한 여유 공간을 가졌을 것이다.

"생각하는 자는 믿을 수밖에 없다."는 누군가의 말처럼, 막연한 추측을 떠나 실제로 계산을 해 봄으로써 우리는 성경의 정확함을 발견하게 된다. 위에서 양보다 큰 지상의 동물은 전체의 11퍼센트 정도라고 했는데, 그러면 그중에서도 공룡과 같이 돋집이 큰 동물은 과연 어떻게 방주에 실었을까? 그렇다! 동물을 방주에 싣는 목적은 그 종류를 보전하기 위함이므로, 방주에 실리는 동물은 사람으로 치면 청소년기에 해당하는 나이가 되어야 생식적으로도 적합하지 않았을까? 공룡은 나이가 들어감에 따라 몸집도 비례하여 커가기 때문에, 이 나이의 공룡은 방주에 못 들어갈 만큼 크지는 않았을 것이라고 추측할 수 있다.

한편 성경의 기록에 의하면 홍수는 자그마치 1년 동안 지속되었다고 하는데(창 7:11, 8:13), 방주 안에 이들 동물들과 함께 있던 노아의 가족 8명이 그 많은 동물들을 1년 동안이나 돌보는 것이 과연 가능하였을까? 연구된 바에 의하면, 오늘날 기계화된 최신 설비를 갖춘 공장식 가축 사육장은 두말할 것도 없거니와 전혀 기계화되지 않은 농촌에서의 가축 사육의 경우에도 단지 한 사람만의 힘으로 수백 마리의 토끼, 돼지와 송아지 혹은 수천 마리의 비둘기나 암탉 등을 돌볼 수 있다고 한다. 그런데 이 경우는 비교적 자유스러운 농촌 환경에서 동물의 교배 등을 통해 보내는 시간을 포함하여 나온 계산이지만, 제한된 공간인 방주 안에서는 이 같은 일로 보내는 시간이 줄어들어 한 사람당 더 많은 동물을 돌볼 수 있는 시간적 여유를 가질 수 있었을 것이다. 여기에다 만약 각 동물들이 필요로 하는 식량을 각기 그들의 우리 곁에다 배치하였다면 동물들에게 식량을 운반하느라 보내는 시간과 노동을 충분히 효과적으로 줄일 수 있었을 것인데, 방주의 제도를 알려 주셨던 하나님께서 이런 방식의 가장 효율적인 동물 관리 방법 또한 노아에게 알려 주시지 않았겠는가? 이 같은 사실들로 미루어 볼 때 8명의 노아 가족이 한 사람당 약 4,500마리—혹은 방주에 실린 동물을 분류학상 속의 범주로 본다면 한 사람당 2,000마리—의 동물을 돌보는 것도 오늘날의 상식에 비추어 보아도 충분히 가능한 일임을 알 수 있다.

세상이 홍수로 멸망하고 있는 동안 방주 안에 있는 동물들은 약 1년에 걸친 적지 않은 기간을 그 속에서 보내야만 했다. 비록 방주의 용량이 이들을 다 수용하고도 상당 부분의 여유 공간이 있을 만큼 넓기는 하였지만, 그럼에도 이들의 활동이 제한되었을 것임은 두말할 필요도 없다. 그런데 한 가지 흥미로운 사실은 대부분의 동물이 정도의 차이는 있지만 동면이나 또는 이와 비슷한 수준의 활동 둔화기를 갖고 있다는 사실이다. 이것은 비록 온도나 계절과 같은 주위 환경의 변화에 의하여 그 정도가 조절되고 있기는 하지만, 제한된 공간에 처하거나 몸의 필요에 따라서는 온도나 계절에 관계없이 나타난다고 한다. 만약 방주의 동물들이 평균 이틀에 한 번 정도 이 같은 활동 둔화기를 가졌다면 노아의 8식구가 돌봐야 할 동물의 수는 절반으로 줄어들게 될 것이며 그에 따른 식량의 소비도 반으로 줄어들게 될 것이다. 만약 동물들이 4일 중의 3일을 활동 둔화기로 보낸다면 그 수는 더욱 줄어 한 사람 당 1,123마리—혹은 500마리—의 동물만 돌보면 된다는 계산이 나온다. 성경에는 "하나님이 노아와 그와 함께 방주에 있는 모든 동물들을 권념하사"(창 8:1)라는 구절이 나오는데, 우리는 그것이 동면과 비슷한 동물의 활동 둔화 상태이었는지 혹은 어떤 다른 초자연적 돌보심이었는지 알 길이 없지만, 분명한 것은 하나님께서 어떤 형태로든 이들을 잊지 않고 특별히 돌보셨다는 사실이다.

그 많은 동물이 다 노아의 방주 안에 있다는 사실이 언뜻 보기에는 믿겨지지 않아도, 알려진 과학적 정보를 토대로 철저한 계산을 해 보면 오히려 그 역사적 사실성을 더욱 뒷받침할 수 있음을 발견하게 된다. 미국창조과학연구소의 존 우드모라프(John Woodmorappe)는 노아의 방주에 관한 모든 문제들을 연구하여 『노아의 방주: 그 적합성 연구』라는 역작을 출간하였다. 이 주제에 관하여 더 자세히 알기를 원하는 사람은 이 책을 읽어 볼 것을 권한다.

하나님이 설계하신 노아의 방주

성경에 보면 전 세계를 덮은 홍수로 인하여 땅위에 움직이는 생물이 다 죽었으나(창 7:21), 노아와 그와 함께 방주에 있던 자는 죽지 않고 살았다고(창 7:23) 기록되어 있다. 그런데 과연 노아의 방주는 전 세계를 덮을 정도의 대규모 홍수 속에서 방주 안에 있는 생명을 보존하기에 충분할 만큼 안전한 배였을까?

홍수로 인하여 땅에 물이 많아지자 방주는 땅위로 떠올랐고(창 7:17), 물이 더욱 많아져 온 땅을 덮게 되었으나 방주는 물위에 떠다녔다고(창 7:18) 성경은 기록하고 있다. 홍수가 진행되고 있었을 당시의 상황은 분명 비가 심하게 오고 거센 파도가 치는 악조건의 환경이었을 것인데도, 노아의 방주는 파도에 부서지거나 거친 물살에 가라앉지 않고 안전하게 물위에 떠다니고 있었다는 성경의 이 같은 기록은 우리를

미주판 한국일보
(1993.3.25)에 실린
노아 방주의 안정성
실험에 관한 기사

매우 놀라게 한다. 왜냐하면 노아가 살았을 당시에는 사람들이 아직 배를 만들어 보기 전이었을 것이며, 또 설령 배를 만들어 보았다 할지라도 그 기술이 그렇게 발전하지 않았을 것이기 때문에, 노아의 방주가 과연 그렇게 튼튼할 수 있었는지 자못 의심스럽기 때문이다.

그런데 바로 이 같은 의문에 답을 하기 위한 실험이 몇몇 과학자들에 의하여 시행된 적이 있는데, 수년 전에는 한국에서도 한국해사기술연구소의 홍석원 박사 등이 이에 대한 연구 결과를 발표하기도 하였다 (한국일보 1993년 3월 25일자 참조). 그들은 먼저 성경의 기록을 따라 방주의 모형을 만든 뒤, 이를 대형 수조에 띄우고 여기에 인공 파도를 일으킴으로써 여러 방법으로 방주의 안정성을 측정하였다. 일반적으로 선박의 안정성은 선체에 대한 구조 안정성, 선체의 복원 안정성, 그리고 파도에 대한 배 안의 승객과 화물의 안전도를 조사하는 파랑 안정성의 세 가지 요소로 평가되는데, 노아의 방주 모형은 이 세 가지 모두에서 매우 우수한 평가를 받음으로 현대의 첨단 과학기술로 건조되는 대형 선박에 버금가는 놀라운 안정성을 갖고 있음이 과학적으로도 입증된 셈이다.

그렇다면 당시의 노아는 과연 어디에서 이같이 안정된 방주의 제조 기술을 배웠을까? 그 답은 바로 성경에 있다. 창세기에서 노아의 홍수 기록을 자세히 읽어 보면 그 누구도 아닌 바로 하나님 자신이 직접 노아에게 방주의 제도를 상세히 일러 주고 계심을(창 6:14-16) 알 수 있으며, 단지 노아는 하나님께서 명하신 대로 하나도 어김없이 실행을 하였던 것이다(창 6:22). 결국 노아의 방주는 하나님께서 직접 설계하신 인류 최초의 배가 되었으며, 방주의 안정성에 대한 과학자들의 실험적 증거는 성경 기록의 정확성을 뒷받침해 주는 또 하나의 증거가 아니겠는가? 하나님께서는 오늘도 우리에게 물어 보신다. "가슴속의 지혜는 누가 준 것이냐 마음속의 총명은 누가 준 것이냐"(욥 38:36) "대저 여호와는 지혜를 주시며 지식과 명철을 그 입에서 내심이며"(잠 2:6) 그 이름을 높이 찬양할지어다!

처녀가 잉태하여 아들을 낳으리니

오래 전 구약시대 이스라엘의 선지자였던 이사야는 "그러므로 주께서 친히 징조로 너희에게 주실 것이라 보라 처녀가 잉태하여 아들을 낳을 것이요 그 이름을 임마누엘이라 하리라"(사 7:14)라고 예언한 바 있다. 이때 사용된 '처녀'라는 히브리 단어는 '알마(almah)'인데 보통 결혼하지 않은 젊은 여자를 가리킨다. 그렇다면 여기서 이사야가 말한 처녀가 잉태하여 아들을 낳으리라는 말은, 정숙하지 못한 처녀가 결혼도 하기 전에 성 관계로 인하여 아기를 갖게 된 경우를 가리키는 말로도 볼 수 있을지 모른다. 그러나 주께서 이 말씀을 징조로 주셨다는 사실로 미루어 볼 때, 이사야가 사용한 '처녀'라는 말은 단순히 결혼을 하지 않았다는 것보다는 결혼을 하였다 하더라도 아직 남자와 성 관계를 갖지 않은 정숙한 젊은 여자를 의미한다고 보

예수님의 탄생은 구약
의 예언대로 처녀의 몸
에서 성육신하심으로
이루어졌다

는 것이 더 타당할 것이다. 사실 그 당시에도 주변에서 미혼모를 발견
하는 것이 그렇게 어려운 일은 아니었으므로, 단순히 결혼을 하지 않
았다는 의미에서 처녀가 아기를 낳았다는 것만으로는 전혀 징조가 될
만큼 놀랄 일이 아니었을 것이다. 그러나 결혼의 여부를 떠나서 만약
남자와의 육체적 관계를 전혀 갖지 않은 여자가 아기를 갖는다면 이것
은 분명 우리의 경험과 상식을 뛰어 넘는 기적에 속한 일이므로, 이사
야 선지자의 예언대로 가히 메시아 탄생의 징조로 받아들일 만한 일대

의 사건이 아니겠는가?

그런데 이사야서를 비롯, 구약에 기록된 수많은 예언대로 과연 동정녀 마리아에게서 한 아기가 태어나고야 말았으니, 성경은 이 일에 대하여 마리아가 요셉과 정혼하였으나 동거하기 이전에 성령으로 잉태하였다는(마 1:18; 눅 1:34-35) 말씀으로 이 일이 사실임을 증거하고 있다. 생물학적 법칙에 의하면 사람이 태어나기 위해서는 반드시 정세포와 난세포간의 수정이 이루어져야 한다. 그런데 마리아의 수태는 이 과정을 거치지 않고 이루어졌으므로 이 일은 자연법칙을 초월한 역사이며 창조의 능력을 갖고 계신 하나님에 의해서만 가능한 일임을 알 수 있다.

하나님께서 만드신 자연법칙은 완전하다. 그러나 아주 드물긴 해도 필요할 때면 하나님께서는 자연법칙을 초월하여 역사하실 때가 있는데, 죽은 나사로를 다시 살리신 일이나 오병이어의 기적, 혹은 중력의 법칙을 초월하여 물위를 걸어오신 예수님의 이적 등이 그 좋은 예라고 할 수 있다. 그런가 하면 하나님께서는 자연법칙을 위배하지 않으시면서 다만 확률적으로 있을 법하지 않는 어떤 사건을 발생케 하심으로써 섭리하시는 경우가 있는데, 믿는 자들이 일상생활에서 기도 가운데 경험하게 되는 대부분의 기적이 이 범주에 속한다. 그러므로 하나님께서는 자연법칙을 창조하시고, 또한 우리로 하여금 그 법칙을 연구하게 하심으로 우리에게 과학기술의 혜택을 누리게 하신 것이 사실이지만, 이와 동시에 필요하시다면 언제든지 그분이 만드신 자연법칙을 스스로 간섭하심으로 우리의 기도에 응답하시어 기적을 일으키신다는 것도 성경에 나타난 사실로 미루어 볼 때 분명한 사실인 것이다.

그러면 예수님이 이와 같이 자연법칙을 초월한 방법으로 태어나셔야 할 어떤 특별한 이유라고 있었을까? 그것은 바로 그분이 이 세상에 오신 목적 때문에 하나님께서도 이 방법을 쓰실 수밖에는 없었기 때문이다. 자연적인 방법에 의한 수태를 할 경우에는 이미 아담 안에서 죄의 본성을 물려받은 마리아와 요셉의 피가 섞이는 것을 피할 수가 없게 되는데, 우리의 죄를 구원하시려는 그분의 목적을 이루기 위해서는 그분 자신은 죄가 없으셔야 했기에 하나님께서는 처녀를 잉태시켜야만 하셨던 것이다. 성경은 그분을 가리켜 죄를 알지도 못한 자라고(고후 5:21; 히 4:15; 벧전 2:22) 증거하고 있다. 그분은 출생의 목적대로 우리의 죄를 담당하셨으니(벧전 2:24), 그분의 이름은 예수, 즉 우리를 죄에서 구원할 자란 뜻이다(마 1:21). 할렐루야!

벳새다의 소경 이야기는 사실이다!

우리가 잘 아는 것처럼 예수님께서는 이 땅에 계시는 동안 여러 가지 이적을 행하셨는데, 그중에서도 병 고침의 이적은 성경에 기록된 예수님의 전체 이적 가운데 3분의 2에 해당되며, 죽은 자를 살리신 이적까지 합치면 전체 이적의 80퍼센트가 육신의 질병에 관한 것이다. 그만큼 그분은 죄악 가운데에서 우리의 영혼이 죽어 갈 뿐만 아니라 이 땅에 살아 있는 동안에도 육신이 고통을 받고 있다는 사실을 불쌍히 여기셨다. 그런데 그분이 그렇게 많이 행하신 육신의 질병을 고치는 이적이 만약 사실이 아니었다면, 3년이라는 짧지 않은 기간 동안을 제한된 지역에서 주로 활동하셨던 예수님에게 그렇게 많은 무리들이 병 고침을 구하며 찾아오기는 힘들었을 것 같다. 왜냐하면 병 고침이 어떤 눈속임이었거나 혹은 일시적 착각이었음이 밝혀졌

다면 그 소문이 쉽게 사람들 사이에 퍼졌을 것이고, 더욱이 당시의 바리새인들은 틈만 나면 예수님의 행적에 대해서 트집을 잡으려고 벼르고 있었기 때문에, 만약 이 같은 사실이 하나라도 발견이 되었다면 결코 예수님을 가만히 놔두지 않았을 것이기 때문이다.

결국 성경에 나타난 여러 가지 정황으로만 보더라도 예수님이 행하신 이적들은 실제로 일어난 사건일 가능성이 매우 높은데, 그럼에도 불구하고 대부분의 불신자들과 자유주의 신학자들 그리고 심지어는 교회에 잘 출석하며 믿음이 있다고 하는 일부 그리스도인 중에도 여전히 성경에 나타난 여러 이적들을 하나의 허구 정도로 취급하는 경향이 남아 있어 안타깝다. 그들은 이적을 비과학적인 것으로 여기며 그렇기 때문에 사실로 받아들이기 어렵다는 입장을 취하는데, 이 말은 결국 자연계에 초자연적으로 역사하시는 하나님의 존재를 부인하는 것과 같음은 두말할 것도 없다. 과학은 당연히 자연 현상만을 연구의 대상으로 삼으며 초자연 현상은 설명할 수 없다. 문제는 설명할 수 없다고 해서 그와 같은 사실이 존재하지 않는 것은 아니라는 점이다. 가령 예수님께서 행하신 많은 병 고침의 기작(mechanism)을 우리는 잘 설명할 수가 없다. 하지만 만약 당시에는 불가능했지만 오늘날의 발달된 과학 지식을 통해 알고 있는 어떤 병 고침 이후에 나타나는 특이한 호전 증세가 성경에 기록되어 있다면, 그것으로 미루어 병 고침의 역사가 사실이었음을 강력히 증거할 수 있을 것이다. 바꿔 말하면 그와 같은 사실은 성경 기자가 성경의 내용을 자신의 상상이나 허위로 거짓 증언한 것이 아니라 있는 그대로 목격한 것을 기록했다는 증거가 되기 때문이다.

마가복음 8장 22-26절에 보면 한 가지 매우 흥미로운 기사가 기록되어 있는데 예수님이 벳새다라는 한 지방에서 소경의 눈을 뜨게 하신 기록이다. 그런데 그 내용을 자세히 보면 소경이 눈을 뜨고 나서 무엇이 보이느냐는 예수님의 질문에 매우 의미심장한 대답을 한다. 그의 대답인즉 "사람들이 보이나이다 나무 같은 것들의 걸어가는 것을 보나이다"(24절)라는 것이었는데, 이 말은 쉽게 말하면 나무와 사람이 하나로 섞여 보인다는 말이다. 그래서 사람과 나무가 각각 부분적으로 보이면서 동시에 나무가 사람처럼 걸어가는 것처럼 보인다는 표현이다. 이것이 도대체 왜 중요할까? 그것은 바로 이 구절이야말로 이 소경이 정말로 장님이었는데 이제는 눈을 떠서 세상을 바라보고 있다는 것을 과학적으로 증명할 수 있는 단서가 되기 때문이다.

아주 어려서나 혹은 날 때부터 소경이 되었던 사람이 어른이 된 후에, 매우 드물기는 하지만 의학적인 방법에 의하여 시력을 회복하게 되는 경우가 있다. 이럴 경우 보통 일반적으로 사람들이 생각하는 것과는 달리 정상적인 시력을 완전히 회복하는 데 많은 어려움이 따른다는 것이 알려져 있다. 그 이유는 단순히 시력을 회복했다고 해서 전에는 보지 못하던 사람이 금방 사물들을 쉽게 볼 수 있게 되는 것이 아니라는 사실 때문인데, 이것은 오늘날 현대 신경과학의 발달로 밝혀진 소위 '본다는 것(seeing)'의 신경생리학적 과정을 어느 정도 이해해야 알 수 있는 부분이다. 우리가 사물을 인지하는 것은 감각을 통해서 들어온 새로운 정보가 뇌에 전달되었을 때, 이미 기억을 통하여 미리 저장되어 있던 기존의 정보와 새로운 정보와의 연관을 통하여 뇌에서 새

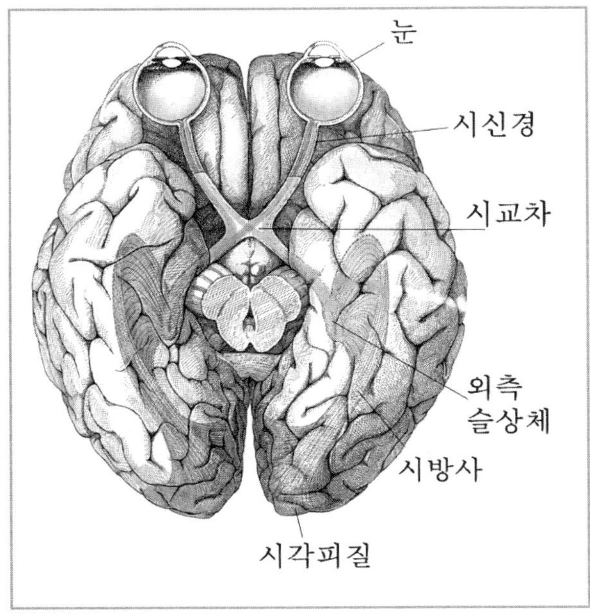

뇌와 연결되어 있는
사람의 눈의 구조

로 들어온 정보를 처리함으로써 비로소 그 새로운 정보에 대한 해석을
내림으로 가능하다. 따라서 ‘본다는 것(seeing)’도 비록 눈이라는 감
각 기관에 의존하여 정보를 받아들이기는 하지만 그 정보를 처리하여
‘그것이 무엇이다’라는 해석을 내릴 수 있는 뇌가 같이 발달되어 있지
않으면 엄밀히 말해서 본다고 해도 실제로는 보는 것이 아니다. 시각
이 정상인 사람은 처음 눈을 뜬 갓난아기 시절부터 시각이 완전히 형
성될 때까지의 일정 기간을 지나오는 동안 수 없이 많은 시각 정보를
뇌에 저장하면서 발달해 왔기 때문에 눈을 잠시 감았다 뜰 때 한눈에
여러 가지 사물을 인지할 수가 있다. 하지만 어릴 적 시각 발달에 매우
중요한 시기를 눈의 장애로 놓치게 된 경우에는, 그에 따른 뇌의 시각

피질의 미발달로 말미암아 비록 나중에 눈의 감각을 회복할 수 있게 된다 하더라도 뇌에서 그 정보를 올바르게 처리할 수 없게 되어 상당한 혼란을 겪는다. 미국의 신경학자 올리버 삭스(Oliver Sacks)는 그의 저서 『화성의 인류학자』에서 버질이라고 하는 한 사람의 이야기를 자세히 소개하고 있다. 그는 세 살 때 소아마비와 뇌막염을 같이 앓으면서 망막에 손상을 입었고, 또 여섯 살 때부터는 두 눈에 두꺼운 백내장까지 생겨 단순히 밝고 어두운 정도만 어렴풋이 구별하는 정도로 시력을 거의 잃게 된 채로 약 45년을 살아왔다. 그러던 어느 날 백내장 수술을 받아 사물을 어느 정도 볼 수 있을 정도로 시력이 회복되었다. 그런데 기쁨은 잠깐이고 그는 '본다고 하는' 새로운 고통을 갖게 되었는데, 눈으로 들어오는 수많은 시각 정보들이 그의 머리를 혼란스럽게 할 뿐만 아니라 실제 생활에도 많은 불편을 주었던 것이다. 오랫동안 소경으로 살아오면서 발달된 남다른 촉각과 청각을 가지고 세상을 이해하고 있던 그에게 시각이라는 새로운 정보는 그야말로 커다란 짐이었던 것이다. 그러나 다행인지 불행인지 그는 그 후에 폐렴을 앓게 되면서 일시적으로 뇌에 산소 결핍 증세가 나타났고, 그게 원인이 되었는지 그나마 남아 있던 망막의 시각세포들이 모두 손상되면서 다시 시력을 완전히 잃게 되었다. 그가 잠시나마 시력을 회복하였을 동안에 그에 대한 많은 관찰이 이루어졌는데, 그 결과 그가 사물을 보는 것은 마치 조각 단편들을 어떻게 맞춰야 될지 모르는 사람과도 같이 사물을 보고 있음을 알게 되었다. 한 예로 고양이를 본다면, 얼굴과 발과 몸, 그리고 꼬리가 모두 연결이 안 되고 따로따로 흩어져 보인다든지 혹은 나무를 보는데 그 잎사귀와 밑둥이 따로 떨어져 보인다고 말하는 식이다. 바로 이것이다. 이것이야말로 2,000년 전 유대 땅에서 예수님께서 벳새다의 한 소경의 눈을 뜨게 하신 후 그에게 무엇이 보이느냐고 물었을 때, 그 소경이 대답한 말과 동일한 현상이 아닌가? 어려서부터 소경이었다가 실제로 눈을 떠 본 사람만이 할 수 있는 대답을 벳새다의 소경은 한 것이다. 이것은 마가가 상상으로 지어낼 수 있는 성질의 말이 아니다. 여러분 같으면 앞에서 기술한 현대 신경과학적 지식이 없는 상태에서, 소경이 눈을 뜬 후의 반응을 마가가 기록한 것처럼 기록할 수 있겠는가? 그냥 눈이 밝아져 사물을 전혀 어려움 없이 보았다고 기술하지 않았겠는가?

벳새다의 소경은 예수님이 한 번 더 안수하심으로 완전히 시력을 회복하게 되었는데(25절), 첫번째 안수 때에 눈을 회복하였다면 이때에는 뇌까지도 회복하여 만물을 밝게 보게 된 것이다. 여기서 한 가지 짚고 넘어 가야 할 중요한 사항은, 예수님은 단 한 번에 눈과 뇌를 고치실 수도 있는 분이라는 것이다. 실제로 성경의 다른 기사에는 소경이 눈을 뜨는 경우에 있어 마가와 같은 임상 기록은 나와 있지 않다. 날 때부터 소경된 자라고 기록된 요한복음 9장의 소경에 대해서도 마가복음과 같은 기록은 없다. 그렇다면 예수님은 왜 유독 마가복음에서 두 번에 걸쳐 치료를 하셨을까? 예수님은 오늘날 현대 과학이 이 기록을 발견하고 성경의 기록이 사실임을 증거할 것을 미리 알고 계셨던 것일까? 우리는 알 수 없다. 그러나 분명한 것은 소경이 정말로 눈을 떴다는 사실이며, 이것은 바로 예수님이 성경에 예언된 우리를 죄에서 구원할 바로 그 메시아이심을 증거한다는 것이다(사 35:5-6; 마 11:2-5). 할렐루야!

고통과 진통

우리는 누구나 살아가면서 크고 작은 고통을 경험한다. 고통은 우리의 몸과 마음을 아프게 하기 때문에, 피할 수만 있으면 피하고 싶은 것이 또한 사실이다. 하지만 고통은 우리가 살아가는 데 없어서는 안 될 중요한 역할을 하고 있다. 만약 우리 몸에 고통이 존재하지 않았다면 우리는 지금 이 순간에 이렇게 살아 있지 못했을 것이다. 가령 자신도 모르게 뜨거운 것을 만졌을 때 우리로 하여금 비명과 함께 손을 떼게 만드는 고통이 아니었다면 우리의 손은 다 타버리고 말았을 것이다. 고통은 또한 우리의 성격 형성에 아주 지대한 역할을 하고 있다. 누구나 어렸을 적에 크게 앓고 난 뒤 오히려 자신의 생각이 깊어지는 경험을 한 적이 있을 것이다. 그래서 "아이들은 아프면서 큰다."는 옛 어른들의 말은 과학적으로도 일리가 있다.

고통이 우리 몸에 전해지는 과정을 보면, 먼저 상처가 난 조직의 세포막이 부서지면서 주변에 프로스타글란딘(prostaglandin)이라는 일종의 호르몬 같은 물질이 분비되기 시작하여 이것이 근처에 있는 통각 전달신경세포에 신호를 보내고 그 신경세포의 반응 문턱을 낮추게 한다. 이제 반응 문턱이 낮아진 신경세포는 평상시에는 무시해 버리던 동일한 크기의 자극에 대하여 반응을 함으로써 우리 몸에 통증을 느끼도록 한다. 이 과정에서 프로스타글란딘의 역할을 방해한다면 진통 효과를 가져올 수 있는데, 바로 우리가 먹는 아스피린(aspirin)이나 이부프로펜(ibuprofen: 상품명 Advil 또는 Motrin) 같은 약들이 이 프로스타글란딘의 합성을 저해함으로써 진통제로서의 효과를 발휘하고 있다. 한편 아세트아미노펜(acetaminophen: 상품명 Tylenol 또는 Excedrin)이라는 약은 아직 그 정확한 기작은 밝혀지지 않았으나 역시 신경 말단에서 통증의 발생을 억제하는 것으로 추측된다.

그러나 아마도 지금까지 인류가 찾아낸 진통제 중에서 양귀비에서 추출해 낸 몰핀(morphine: 아편의 주성분)만큼 그 효과가 좋은 것은 없을 것이다. 이 몰핀은 우리의 뇌와 척수 속에 들어가 통증 전달의 신경 경로를 완전히 차단함으로써 우리 몸의 통증을 전혀 느끼지 못하게 할 뿐만 아니라 더 나아가 우리의 뇌 속에 황홀감을 만들어 결국은 중독에 이르게 하는 무서운 힘을 가지고 있다. 요즘 십대들 사이에서 점점 사용 증가 추세에 있는 헤로인(heroine)도 이 몰핀의 변형체인 것을 보면 그들이 헤로인에 탐닉하는 이유를 쉽게 짐작 할 수 있다. 바로 이 같은 중독성 때문에 만성 고통으로 괴로워하는 환자들일지라도 의

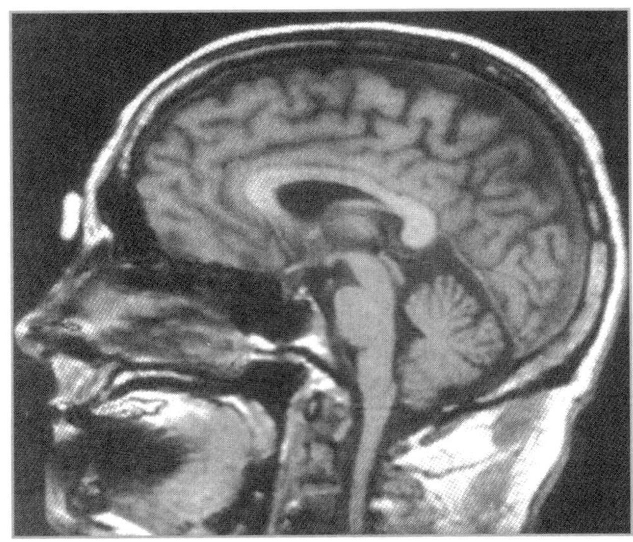

사람의 뇌를
MRI로 촬영한
모습

사들은 몰핀을 처방하는 데 상당히 신중을 기하고 있다. 또한 일단 처방이 된다 할지라도 거기에는 그 양을 조절하는 데 따른 엄격한 통제가 따른다.

그런데 놀라운 일은 우리의 몸속에는 이미 하나님께서 주신 몰핀이 존재하고 있다는 사실이다. '우리 몸에 있는(endogenous) 몰핀'이라고 하여 이를 가리켜 엔돌핀(endorphine)이라고 부르는데, 우리 몸의 통증을 완화시키고 행복감을 갖게 하는 등 그야말로 아편 속의 몰핀과 매우 유사한 기능을 갖고 있으면서도 몸속에서 자연적으로 생성 및 분해되어 정상적인 상태에서는 중독을 일으킬 염려가 없는 그야말로 천연의 진통제이다. 하나님께서 우리 몸에 직접 만들어 주신 이와 같은 최상의 진통제를 두고 외부로부터 중독성이 강한 마약과 같은 물질에 우리의 몸을 맡기는 일은 참으로 어리석은 일이 아닐 수 없다. 한 가지 더 흥미로운 사실은 심리적인 원인에 의해서도 엔돌핀이 분비된다고 하니, 건강한 영적 생활을 추구하는 크리스천들에게서 더 많은 삶의 인내와 세상이 갖지 못하는 참된 행복을 발견하는 것은 과학적으로도 설명이 될 일인 듯싶다.

한편 예수님도 십자가상에서 극심한 고통 가운데 계실 때에 병사들로부터 마약의 유혹을 받으셨다. 마태복음 27장 34절에 나오는 '쓸개'란 단어는 히브리어 'Rosh'에서 온 말로서 게세니우스(Gesenius) 히브리어 사전에는 이 말이 양귀비를 뜻한다고 나와 있다. 결국 양귀비의 추출물인 몰핀을 포도주에 타서 예수님께 준 셈인데 이는 시편 69편 21절 말씀의 성취이기도 하다. 우리 몸을 지으시고 자연을 만드신 예수님이 어찌 마약의 효과를 모르셨겠는가? 그러나 그분은 능히 유혹을 물리치시고 친히 그 모든 고통을 감당하셨는데 이는 오직 우리의 죄악을 대신 갚으시기 위함이 아니었던가! 그렇다. 주님이 징계를 받으심으로 우리가 평화를 누리고 그분이 채찍에 맞으심으로 우리가 나음을 입게 되었다(사 53:5). 주님이 친히 받으신 그 고통으로 인하여 이제 우리는 천국의 소망을 갖게 되었다. 할렐루야!

부활의 필요충분조건

기독교에 있어서 예수 그리스도의 부활보다 더 중요한 사건은 없다. 왜냐하면 만일 그리스도의 부활이 없다면 우리가 복음을 전하는 것도 우리의 믿음도 헛것이며, 우리는 여전히 죄 가운데 있을 것이기 때문이다(고전 15:14, 17). 바로 이와 같이 기독교 신앙의 핵심을 이루는 부활의 사건을 두고 지난 수 세기에 걸쳐 인본주의에 영향을 받은 학자들에 의하여 여러 가지 의심들이 제기되었는데, 이를 요약하면 첫째 예수님이 실제로 돌아가신 것이 아니라 다만 기절하고 있다가 깨어나신 것이라는 주장과, 둘째 예수님이 실제로 돌아가셨으나 부활하신 것은 아니라는 주장으로 크게 나눌 수 있다.

예수님의 부활이 사실이기 위해서는 그분의 죽음이 반드시 전제되어야 하므로, 예수님의 죽음은 부활을 이루기 위한 필요조건이라 할 수 있다. 그러면 과연 예수님은 정말 십자가상에서 숨을 거두셨는가? 우선 예수님이 십자가에 달리시기까지 받으신 극심한 고통에 대하여 생각해 보자. 예수님은 십자가를 지고 골고다 언덕을 오르시는 동안 로마 병정들로부터 수없이 많은 채찍질을 받으셨는데, 플래그럼 (flagrum)이라고 불렸던 이 채찍은 가죽 끝에 날카로운 톱니 모양의 뼈와 납 조각을 붙여 만든 것으로, 한 번 내리칠 때마다 살점을 뜯어내어 여러 번 내리치게 되면 피부 밑에 근육까지 뜯어지게 되고, 결국에는 피와 살점이 엉겨 붙어 형체를 알아 볼 수 없는 지경으로 피부 조직을 망가뜨리면서 극심한 고통과 함께 죽음 직전의 상태로 만들어 간다. 거기다가 예수님이 지셨던 십자가의 무게—대략 50kg 정도라고 함—로 인하여 고통은 가중되고, 마침내 언덕에 도착해 십자가에 못 박히셨을 때 그분의 육신은 이미 죽음의 문턱에 이르렀을 것이다. 의사 트루먼 데이비스(Truman Davis)는 그의 저서 『십자가는 하나님의 입증』(나침반, 2003)에서 십자가에 매달려 있는 동안 인간의 몸에 어떤 변화가 생기는지에 관해 잘 기술하고 있다. 먼저 온몸을 지탱하고 있던 양팔의 근육에 경련이 일어나면서 점차 가슴의 근육이 마비되고 결국은 숨을 못 쉬게 되어 십자가상에서 질식하게 되는데, 이 과정에서 구부리고 있던 다리를 위로 밀어 올려 주면 막힌 숨을 내뿜어 잠시나마 생명을 연장할 수 있다고 한다. 이때 십자가에 매달린 자의 다리를 꺾어 주게 되면 그들의 죽음을 재촉할 수가 있는데, 성경에 보면(요 19:31-34) 바로 이와 같이 로마 병정들이 예수님 곁에 같이 매달렸던 강도의 다리를 꺾는 것을 볼 수 있다. 그러나 이미 숨을 거두신 예수님

예수님은 십자가상에서 완전히 숨을 거두시고 3일 후 부활하셨다

의 다리는 꺾지 아니하였다고 기록되어 있다. 또한 예수님의 죽음을
재차 확인하기 위하여 창으로 옆구리를 찔러 보니 피와 물이 나왔다고
기록되어 있다. 상처가 난 곳에서 많은 물과 피가 흘러 내리는 경우는

십자가상에서 심장파열로 죽은 경우에 나타난다고, 조쉬 맥도웰(Josh McDowell)은 그의 책 『기독교 신앙의 역사적 증언』에서 더블린 대학의 생리학 교수인 사무엘 휴턴(Samuel Houghton)의 말을 인용하고 있다. 만약 예수님에게 아주 약한 호흡이라도 남아 있었다면 피만 나왔을 것이나 피와 물이 같이 나온 것으로 보아 예수님께서는 십자가상에서 숨을 거두신 게 분명하며, 따라서 로마 병사는 그분의 다리를 꺾을 필요가 없었던 것이다. 성경은 예수님의 영혼이 떠나셨고(마 27:50; 요 19:30) 운명하셨다고(막 15:37; 눅 23:46) 네 명의 기자를 통해 명백하게 증거하고 있으며, 또한 빌라도는 백부장을 통해 예수님의 죽음을 확인까지 하였으므로(막 15: 44-45) 예수님의 죽음에 대하여 더 이상의 의심은 없어도 될 것 같다.

이제 예수님의 부활을 이루기 위한 필요조건은 갖추어졌으니, 부활이 문자 그대로 부활이 되기 위해서는 정말로 죽음을 이기신 예수님의 모습이 우리에게 충분한 증거로 남아 있어야 한다. 과연 예수님의 부활의 증거는 무엇인가? 조쉬 맥도웰은 그의 저서 『부활의 요인』에서 고려해야 할 일곱 가지 사실들을 다음과 같이 열거하고 있다. 첫째, 예수님의 돌무덤의 인봉(마 27:66)이 끊어진 사실이다. 이 일로 붙잡히게 되면 십자가에 거꾸로 매달려 죽어야 되는 두려운 일을 누가 감히 겁도 없이 저지를 수 있단 말인가? 우리는 예수님을 가까이서 따르던 제자들조차도 모두 자기도 함께 잡힐까 두려워서 겁을 잔뜩 먹고 몸을 피해 있었다는 사실을 기억해야 한다. 둘째, 예수님의 빈 무덤이다. 사도들은 예수님의 무덤을 지척에 둔 예루살렘에서 부활을 증거하였는데, 만약에 빈 무덤이 사실이 아니라면 그들의 주장은 누군가에 의해 금방 탄로가 났을 것이다. 셋째, 무덤 입구를 막았던 큰 돌—대략 1,360~1,800kg의 무게라고 함—이 누군가에 의해 옮겨졌는데, 무덤을 철통같이 지키고 있던 로마 병정들의 눈과 귀를 막지 않고서는 이같이 큰 돌을 그들에게 들키지 않고 옮기는 일이란 사실상 불가능하다. 넷째, 로마 병정들이 도망쳤다는 사실이다. 만약 빈 무덤이 사실이 아니라면 그들이 도망칠 아무런 이유가 없다. 다섯째, 제자들이 무덤에 가 보았을 때 예수님의 몸은 온데간데없고 세마포만 그대로 놓여 있었으며 머리를 쌌던 수건 또한 딴 곳에 개여 있었는데, 누군가 예수님의 시신을 도적질했다면 그렇게 옷을 벗기고 또한 가지런히 정돈까지 할 수 있었겠는가? 여섯째, 부활하신 예수님을 목격한 증인이 너무나도 많고 또한 다양하다는 사실이다(고전 15:1-8). 단순히 눈으로만 목격된 것이 아니라 제자들이 직접 손으로 상처를 만져 보기도 하였고 (요 20:24-29), 같이 식사도 하였다(눅 24:13-35; 요 21:1-14). 또한 다양한 시간에 여러 계층의 사람에게 나타나셨는데 그분을 따랐던 자들뿐만 아니라 박해하는 자에게까지 나타나셨다(행 9:1-9). 그러므로 예수님을 열렬히 따르던 자들에게서 있을 법한 집단 환각 증세 같은 것으로 치부해 버리기에는 부활의 역사적 증거가 너무나도 분명하다. 일곱째, 예수님의 부활을 처음 목격한 자들이 여자들이라는 사실이다. 당시 유대인의 풍습에 따르면 여자들의 증언은 법정에서도 인정이 되지 않을 만큼 무시되었다. 따라서 만일 부활의 사건이 날조된 것이라면 여자들의 목격은 의도적으로 성경의 기록에서 삭제되었을 것이다.

이상 위에서 열거한 일곱 가지 사실 이외에도, 예수님의 죽음 이후 180도 달라진 제자들의 변화된 삶이 예수님의 부활을 무엇보다 잘 증거하고 있다. 만약 부활이 사실이 아니라면 왜, 무엇 때문에 그들은 목숨을 바쳐 이를 증거하려고 하였겠는가? 증거의 신빙성을 다루는 데 있어 최고의 전문가로서, 하버드대학의 법학 교수를 지냈으며 이 분야의 불후의 명저로 손꼽히는 『증거의 법칙에 관한 논문』을 남긴 바 있는 시몬 그린리프(Simon Greenleaf)는 예수님의 부활에 관한 역사적 증거들을 조사해 본 끝에 예수님의 부활은 역사상의 그 어느 사건보다도 더 많은 확실한 증거를 갖고 있다는 결론을 내린 바 있다.

그렇다. 이제 우리는 부활의 필요충분조건을 모두 갖추었다. 이 확실한 증거들 앞에 더 이상 어찌 부활을 의심할 수 있겠는가? 자, 이제 우리 모두 일어나자. 그리고 크게 외치자. 할렐루야, 우리 주님 부활하셨으니, 사망아 너의 쏘는 것이 어디 있느냐? 다같이 소리 높여 우리 주를 찬양할지어다!

제 3 장 : 과학은 오히려 창조를 증거한다

"마음속의 교만을 물리치고 겸손한 자세로 자연세계를 들여다보면,
그곳에서도 살아 움직이는 하나님의 숨결을 발견할 수가 있다.
참된 과학은 결코 하나님의 존재를 부정하지 않는다.
진정으로 진리를 추구하는 과학자는 과학의 능력과 한계를 바로 인식하며,
또한 초월적인 세계에도 눈을 돌린다."

시카고대학과 노벨상 그리고 진화론

시카고는 바람이 많이 불어 '윈디 시티(Windy City)'
라고 불린다. 특히 겨울에는 이 바람으로 인하여 체감 온도가 낮아져
시카고의 겨울을 더욱 춥게 느끼게 한다. 시카고 시내에서 약 14.4킬
로미터 남쪽으로 내려오면 '하이드 파크(Hyde Park)' 라 불리는 조그
마한 동네가 있는데, 이곳은 동쪽에 위치한 미시간 호수를 제외하곤
삼면이 흑인들이 많은 우범지대로 둘러 싸여 있어 바람이 차가운 겨울
이라도 되면 더욱 을씨년스러운 분위기와 함께 도대체 교육과 지성과
는 거리가 멀 듯 싶어 보이는 곳이다. 그런데 바로 이곳에 오랫동안 미
국의 교육을 선도하며 동시에 20세기 인류 지성사에 큰 획을 그은 인
재들을 수 없이 배출해 낸, 학문과 지성을 향한 뜨거운 열정을 소유한
이들의 요람이 자리 잡고 있다는 사실은 이곳에 연고가 없는 사람들에

게는 전혀 생소한 사실로 받아들여질지도 모르겠다.

시카고대학. 하이드 파크에 자리 잡은 고딕풍의 이 학교는 학생들이 어려워 따라가기 힘들어하는 1년 4학기제를 미국에서 제일 처음으로 도입하여 현재까지 성공적으로 이끌어 오고 있다. 지금까지 이 학교의 졸업생 113명이 다른 대학의 총장 내지는 교무처장을 역임했으며, 평균 7명 중 1명의 졸업생은 교육계에 종사할 만큼 교육에 있어 소위 'teacher of teacher'로서의 역할을 담당해 오고 있다. 또한 전체 학생이 12,000명 정도로 교수 대 학생 비율이 1 대 6밖에 되지 않는데다가 그중에서도 대학원생이 전체의 3분의 2를 차지하고 있어 그야말

미국 시카고대학 캠퍼스

로 연구 중심의 대학임을 한눈에 알 수 있다. 이 대학과 연고를 맺고 거쳐 간 노벨상 수상자만 지금까지 73명—참고로 이 숫자는 하버드 (Harvard, 35명), 스탠포드(Stanford, 22명), 그리고 UC버클리 (Berkeley, 16명) 3개 대학과 연고를 맺은 노벨상 수상자를 모두 합치거나, 혹은 메사추세츠공과대학(MIT, 47명)과 캘리포니아공과대학 (Caltech, 26명) 2개 대학과 연고를 맺었던 수상자를 합친 숫자와 동일함—에 달하고 있어 시카고대학의 학문적 위상을 실감케 해 준다. 그중에 몇 명만 예를 들어 보면, 간섭계를 이용한 빛의 속도 측정으로 미국인 최초의 노벨상 수상자가 된 알버트 미첼슨(A. A. Michelson) 을 비롯하여, 맨해튼 프로젝트(Manhattan Project)의 원자 핵 융합 반응을 인류 최초로 성공시킨 페르미(E. Fermi), 양자역학의 사상적 전기를 이룬 유명한 불확정성 원리의 하이젠 베르크(W. Heisenberg), 생성론적 세계관에 과학적 기초를 제공한 비평형 열역학의 일리야 프리고진(I. Prigogine), 환경 공해로 인해 온 인류의 관심으로 떠오른 오존층의 생성과 분해 과정을 밝혀 낸 폴 크루첸(P. Crutzen), 초파리 돌연변이 연구로 유전학에 크게 기여한 뮬러(H. J. Muller), DNA의 구조를 밝혀 분자 생물학의 태동과 함께 생물학에 일대 혁명을 가져온 왓슨(J. D. Watson), 암 치료에 최초로 화학 요법을 도입하여 이 분야 에 일대 전기를 마련한 허긴스(C. B. Huggins), 이제는 만인의 관심 이 된 콜레스테롤과 지방산의 생합성 기작을 밝혀 낸 블로크(K. Bloch), 그리고 좌뇌와 우뇌의 기능 분화를 밝혀 대뇌 연구에 새로운 장을 연 스페리(R. Sperry) 등이 있다. 그 외에 일일이 이름을 대기 어려운 22명의 노벨 경제학상 수상자가 있는데, 특히 이 분야는 1990년 대에만 들어 6명—그중 4명은 시카고대학에서만 4년 연속 수상자 배출—의 수상자를 낼 정도로 기염을 토하고 있다.

한편 시카고대학은 이와 같이 미국 내의 대학들 중에서도 가장 학구적인 대학으로 소문난 학교이지만, 안타깝게도 동시에 인본주의 진화론의 중요한 업적과 인물들을 가장 많이 배출한 대학이기도 하다. 무기물로부터 유기물의 생성을 거쳐 생물이 진화되어 왔다는 소위 '오파린의 가설'을 바탕으로 한 화학적 진화(chemical evolution)를 실험을 통하여 증명하려 했던 밀러(S. Miller)를 비롯하여, 연대 측정의 필수 도구로 사용되는 탄소 동위원소 측정법을 고안한 리비(W. Libby), 우주 진화를 설명하는 '빅뱅(Big-Bang) 이론'의 기초를 제공한 허블(E. Hubble), 전파 망원경을 이용한 외계 지성체 탐사를 주동했고 "우주(Cosmos)"로도 유명한 진화론자 칼 세이건(C. Sagan), 생물 공생설을 주장하여 진화론의 새 지평을 연 마걸리스(L. Margulis), 그리고 인류 최초의 조상이라는 화석 '루시(Lucy)'로 유명한 진화 인류학자 요한슨(D. Johanson) 등등 이름만 들어도 쟁쟁한 진화론자들이 바로 이 대학 출신이다. 그 외에도 다윈의 진화론에 깊이 영향을 받은 인본주의 교육학자 존 듀이(John Dewey)도 시카고대학이 배출한 빼놓을 수 없는 인물일 것이며, 1973년에 열렸던 세계인본주의대회를 유치하여 '하나님은 없다'는 그들의 선언문을 전파하는 데 앞장선 것도 바로 이 대학이었다. 가장 학구적이며 항상 새로운 아이디어를 제시해 옴으로 학문의 우수성은 인정받았지만 동시에 진화론의 가장 질 좋은 토양

미국에서 노벨상 100주년을 기념하여 발행한 우표

을 제공하는 데 앞장섰던 이 대학에서, 하나님을 높일 수 있는 학문적 연구의 결과나 혹은 겸손한 신앙과 깊은 학문을 동시에 갖춘 하나님의 사람들이 배출되기를 기대하는 것은 정말 무리일까?

진화론은 그를 뒷받침하는 결정적인 과학적 증거가 하나도 없음에도 불구하고 여전히 과학적 사실인 양 소개되어 오고 있다. 그러나 최근에 과학을 통하여 오히려 자연계에 편만한 지적 설계의 증거를 발견하고 진화론과는 대조적인 소위 '지적 설계 이론(Intelligent Design Theory)'을 주장하는 과학자들이 점점 늘어가고 있는데, 이들의 특징은 그들이 갖고 있는 신앙과는 관계없이 순수 과학적인 입장만을 통해서 지적 설계의 증거를 이야기하고 있다는 사실이며, 대부분 미국의 유수한 대학에서 학위를 취득하고 나름대로 단단한 학문적 재능을 갖고 있는 우수한 이들이라는 것이다. 그런데 한 가지 흥미로운 사실은 이들 가운데서도 특히 중심적 역할을 하고 있는 몇몇 인물들이 바로 시카고대학 출신이라는 발견이다. 즉, 필립 존슨(Phillip Johnson: 법학박사, UC버클리 교수), 윌리엄 뎀스키(William Dembski: 수학과 철학박사, 과학과 문화의 갱신을 위한 Discovery연구소 연구원), 그리고 폴 넬슨(Paul Nelson: 철학박사, *Origin & Design* 편집인) 등이 바로 그들인데, 그들이 과연 얼마나 하나님을 이해하고 신앙적 깊이를 갖추었는지는 알 수가 없지만, 적어도 자신의 연구와 학문을 통하여 하나님의 존재를 인정하고 생물체를 비롯한 우주의 기원을 지적 설계를 통하여 설명하려고 한다는 것은 분명하며, 이 같은 사실은 아직까지 진화론적 사고방식이 무비판적으로 받아들여지고 있는 일반 학계의 분위기와 이들 출신 학교의 배경을 생각해 볼 때 상당히 고무적인 일이 아닐 수 없다. 시카고의 추운 날씨와도 같이 오랫동안 하나님을 떠나 차디 찬 인본주의 학문을 성장시켜 온 시카고대학에 이제 그들이 키워 온 학문으로 스스로 하나님의 존재를 증거할 수밖에 없는 상태에 이르기라도 한 것일까?

위대하신 하나님은 우리 인간들의 학문으로 인하여 증거의 여부가 결정되는 분이 아니다. 하지만 이제 우리의 학문—신학이 아닌 일반 학문, 그중에서도 특히 자연과학—으로도 그분의 살아계심에 대한 도저히 부인할 수 없는 증거가 나오기 시작한다면, 성경 말씀대로 이제 우리가 핑계할 것은 더 이상 없게 되고 마는 게 아니겠는가(롬 1:20). 학문과 신앙, 과학과 성경. 이들은 서로 대립되는 것이 아니라 조화를 이루어야 할 요소이다. 과거에 하나님에 대한 믿음 위에서 시작된 많은 우수한 대학들이 이제 다시금 인본주의의 허구를 깨닫고 하나님을 자신의 학문 속에서 발견하여 그분에게로 돌아오게 되는 감격의 날들을 상상해 본다. 가장 많은 노벨상 수상자를 배출한, 그리고 동시에 우

수한(?) 진화론자를 키워 내는 데도 큰 역할을 담당했던 시카고대학이
이 일에 앞장설 수 있기를 바란다.

첨단 과학과 창조과학

창조과학 강의를 많이 하고 다니다 보면 사람들로
부터 필자의 전공이 창조과학일 것이라는 오해를 가끔씩 받기도 하지
만, 사실 필자의 전공은 창조과학이 아니라 신경과학—좀 더 구체적으
로 말하면 행동신경약리학—이다. 창조과학은 단지 과학자이면서 그
리스도인인 필자가 개인적인 관심을 갖고 조금씩 독자적으로 연구하
면서 알아가게 된 영역으로, 따로 어느 대학이나 혹은 어떤 전문 기관
에서 이 분야를 공부한 것은 전혀 아니다. 그러나 사실 '창조과학'이
라는 말을 자연계에 나타난 창조 또는 지적 설계에 관한 증거들을 연
구하고 소개하는 모든 과학적 활동이라고 정의한다면, 창조과학이란
엄밀히 말해서 모든 자연과학 분야의 전공이 다 이와 관련이 있다고
할 수밖에 없으며, 각기 다른 분야의 전공을 가진 과학자들이 자신의

전공과 관련지어서 창조의 증거를 연구한다면 그것이 바로 창조과학이라고 할 수 있겠다.

과학이 관심을 갖는 여러 대상이 있지단 그중에서도 생물을 포함한 만물의 기원에 대한 연구는 일반 다른 과학과는 달리 보다 종합적일 수밖에 없으며, 연구의 접근 방법에 있어 반복적인 실험을 통한 증명이 허락되지 않는 한계를 갖고 있으므로, 새로운 연구의 방법은 물론 그 결과의 해석에 신중함이 요구되고 있다. 이 같은 사실을 감안한다면 대학에서 창조과학 전공을 개설하고 그에 따른 학위를 수여하는 것도 충분히 있을 법한 일인데 아직까지 현실은 그렇지 못한 것 같다. 똑같이 기원을 연구하지만 전혀 다른 결론을 내놓고 있는 진화론은 그 이론의 수많은 문제점에도 불구하고 대학에서 버젓이 가르쳐지고 또 그 전공으로 학위도 수여하고 있음을 볼 때, 적어도 기원 문제에 있어서만큼은 균등한 교육의 기회가 주어지고 있지 않은 셈이다. 사실 실제 교육 현장에서 창조론 혹은 창조과학 교육이 부딪히는 어려움은 우리가 상상하는 것보다 훨씬 더 크다. 물톤 이것은 대학에서 연구를 하는 사람에게도 같은 문제이다. 따라서 창조과학을 전문으로 연구하는 사람의 수는 상대적으로 적을 수밖에 없으며 연구비 지원면에 있어서도 열세에 놓일 수밖에 없다. 이런 점에서 볼 때 일반 대학에서 하지 못하는 창조과학 연구를 자유롭게 전문적으로 할 수 있는 독립된 연구소의 설립은 필연적일 수밖에 없는 것일지도 모르며, 현재 미국 샌디에이고 근처에 있는 〈Institute of Creation Research〉나 호주에 본부를 두고 있는 〈Answers in Genesis〉 같은 기관이 그 좋은 예가 될

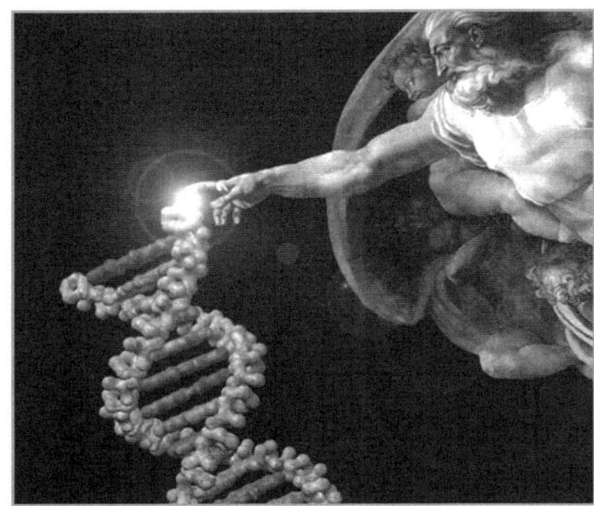

첨단 과학을 하면서
도 얼마든지 하나님
을 잘 믿을 수 있다

것이다.

　앞에서도 말했듯이 기원에 관한 문제를 다루는 과학은 그 해석에 있어서 상당한 신중함이 요구되므로, 동일한 과학적 연구 자료를 어떻게 보다 합리적으로 엮어 내느냐에 그 성패가 달려 있다 해도 과언이 아닌데, 그런 점에서 앞에서 열거한 기관들은 일반 대중들에게 진화의 부당성과 동시에 창조의 타당성을 증거하는 데 있어 상당히 탁월한 성과를 거두었다고 평가할 수 있다. 하지만 아직도 진화론만을 과학적 진리인 양 가르치며, 하나님이란 말이 학교에서 거론되기를 꺼리는 인본주의적 교육이 뿌리 깊은 현재의 대학에서는 이들 기관을 마치 기독교 맹신주의자들의 집단 정도로 취급하고 이들의 연구 결과를 대부분 무시하고 있는 안타까운 현실이다. 대학은 첨단 과학을 만들어 내고 또 그런 일을 할 수 있는 사람을 길러 내는 곳이다. 과학의 첨단에 있을수록 어쩌면 하나님을 발견하기가 더 쉬울 수 있는 일일지도 모르는데, 일방적인 진화론 교육에 막혀 동일한 과학적 사실을 두고 이를 진화론의 증거인 양 해석하는 오류를 계속해서 범하고 있는 것이다. 진정 과학의 첨단 위에 서 있으면서 동시에 하나님의 창조를 발견하고 그 섭리를 누릴 수 있는 첨단 창조과학자나, 아니면 우주 만물의 창조를 증거하면서 동시에 첨단의 과학자적 위치에 있어서 어떤 진화론적 인본주의 대학이라도 그 주장을 쉽게 무시할 수 없는 창조 첨단과학자는 우리 시대에 과연 몇 명이나 있단 말인가?

흥미롭게도 과거 16, 17세기 서양의 근대 과학이 태동할 초창기에는 당시의 사회를 지배하던 기독교적 세계관이야말로 그들 사회에 새로운 근대 과학적 개념이 자리 잡는 데 결정적 공헌을 했음이 과학사 연구를 통하여 잘 알려져 있다. 그리고 두말할 것도 없이 당시의 과학 혁명을 이끌었던 중요 인물들은 거의 대부분 하나님을 믿는 그리스도인이었다. 당시에 라틴어로 기록된 성서에 빗대어 우주를 '수학의 언어로 쓰여진 제2의 성서'라고 부를 만큼 우주에 대한 연구가 곧 하나님의 창조를 드러내는 영광스러운 일이라고 믿었던 갈릴레오(Galileo Galilei)를 비롯하여, '하늘은 하나님의 영광을 선포하고 궁창은 그 손으로 하신 일을 나타낸다'는 시편 19편의 말씀을 그 자신의 믿음으로 삼고 우주 연구에 몰두하여 행성 운동의 법칙을 발견해 낸 케플러(Johannes Kepeler), 미적분학을 창시하고 광학과 역학의 창설에 크게 공헌함으로 소위 근대 과학의 기초를 완성시켰다고 평가되며 동시에 나름대로의 주석도 써낼 만큼 성서 연구에도 열중하였던 뉴턴(Isaac Newton), 그리고 공기에 무게가 있다는 '파스칼의 원리'와 함께 확률론의 정립에 크게 기여했을 뿐만 아니라 유명한 저서 『팡세』를 통해 기독교를 변증하기도 했던 파스칼(Blaise Pascal) 등이 모두 그랬다. 그 후에도 계속해서 근대 과학의 발전에 크게 이바지한 주요 과학자들, 즉 근대 화학의 아버지라고 일컬어지는 보일(R. Boyle), 생물학의 과학적 분류 체계를 최초로 정립한 리니우스(C. Linnaeus), 전자기학의 기초를 설립한 파라데이(M. Faraday), 열역학 제1법칙을 실험적으로 증명하여 열역학의 아버지로 불리는 줄(J. Joule), 역시 열역학 제2법칙의 발견으로 이 분야에 크게 공헌한 켈빈(Lord Kelvin), 전자기학을 완성하고 통계 열역학의 기초를 세운 멕스웰(J. C. Maxwell), 발효 연구에 공헌하고 세균학을 정립시킨 파스퇴르(L. Pasteur), 면밀한 실험을 통하여 생물 형질 유전의 과학적 기초를 세운 유전학의 아버지 멘델(G. Mendel) 등이 모두 하나님을 믿는 과학자들이었다. 이들은 단지 하나님을 믿었을 뿐만 아니라 하나님의 창조 사실과 또 그분의 말씀인 성경을 전파하는 데도 모두 열심이었던 사람들이다. 당시에 최고의 첨단 과학을 했던 사람들, 그러면서 동시에 하나님의 신실한 종이었던 그들의 모습 속에서 오늘날 소위 첨단의 과학시대를 살아가는 우리가 배워야 할 모습이 있지 않은가? 오늘날이라고 왜 크리스천 과학자가 없겠는가? 그러나 과거에 당당했던 선배 영웅들의 모습과 비교하여 어딘지 모르게 힘이 없다. 과학의 학문적 성과는 있으나 성경이 하나님의 말씀으로 오류가 없다는 확고한 신앙이 약하거나, 아니면 뜨거운 신앙은 있으나 시대를 선도해 갈 만한 학문적 리더십이 없다.

인본주의 교육을 하는 대학은 그렇다 치더라도, 과학을 배우고 또 그 길로 들어서고자 하는 많은 크리스천 젊은이들에게 정확무오한 하나님의 말씀을 지정의에 와 닿도록 가르쳐야 할 교회도 그 역할을 다 못하고 있는 것 같다. 뚜렷한 과학적 증거도 없이 지난 1세기 반 동안 우리의 생각에 지대한 영향을 주어 온 진화론의 허구성에 눌려 특히 창세기를 역사적 내지는 과학적 진리의 갈씀으로 힘주어 가르치지 못할 때, 이 시대의 첨단 창조과학자—혹은 창조 첨단과학자—는 점점 기대하기 어려워질 것이다. 이제는 그야말로 첨단의 과학을 리드하면서 동시에 하나님을 뜨겁게 증거하여 이 시대의 모든 크리스천 과학자에게 귀감이 될 인재를 키워야 할 때가 아니겠는가? 교회여, 젊은이에게 창조과학을 가르치라! 그것은 그들이 과학자의 길을 가든 가지 않든 그들의 삶과 세계관에 커다란 도전이 될 것이다.

〈지적 설계 이론 학회〉를 다녀와서

우리가 살고 있는 이 우주와 그 안에 있는 모든 생물체가 누군가에 의하여 설계된 것이라면 여러분은 과연 그분이 누구인지 무척 궁금하지 않겠는가? '그분이 누구이며, 어떤 일을 하였으며, 우리에게 무엇을 말하기 원하는가' 하는 것들은 사람들이 각기 갖고 있는 자신의 종교와 신앙생활을 통하여 접근해 갈 수 있는 성질의 것이지만, '그분이 과연 실제로 존재하며 그래서 우리가 살고 있는 이 우주를 설계하였는가' 하는 문제는 자연세계를 연구하는 과학자들에 의해서 오히려 더 잘 연구, 증명될 수 있는 성질의 것이다. 2001년 5월 24일부터 미시간 주에 있는 칼빈대학에서는 바로 이와 같은 주제를 가지고 3일간에 걸친 열띤 주제 토론이 있었다. 약 150여 명이 넘는 비교적 많은 인원이 참석한 가운데 자연계에 나타난 지적 설계의

미국 지적 설계 운동의 지도자 가운데 한 명인 윌리암 뎀스키가 쓴 지적 설계 입문서의 표지

증거들과 그에 따른 이론적 근거들에 대하여 여러 가지 흥미 있는 보고를 하였는데, 그중에 대표적인 것 몇 가지만 소개해 보겠다.

스티븐 마이어(Stephen Meyer: 캐임브리지대학 과학사 및 과학철학 박사, 현재 휘트워스대학 부교수, Discovery연구소 senior research fellow)는 생물의 세포 속에 있는 유전 정보 물질인 DNA의 분자 구조를 볼 때 이것이 우연히 생겨났다고 보기에 매우 어려운 증거로써 DNA의 사슬을 따라 일렬로 줄지어 배열되어 서로 다른 염기 간에 있어 그들을 서로 묶어 주는 화학 결합이 없음을 지적하였다. 이 같은 사실은 단순한 물리 화학적인 반응만으로는 DNA와 같이 정보를 담고 있는 물질은 생겨날 수 없음을 보여 주는 것이다. 제드 마코스코(Jed Macosko: UC버클리대학 분자생물학 박사, 현재 UC버클리대학 postdoctoral fellow)는 세포 속의 여러 가지 소기관(organelle)들이 마치 '분자 기계'와도 같이 정교하게 우리 몸에서 작동하며 움직이고 있음을 컴퓨터 영상 자료를 통해 실감나게 보여 주어 청중들로부터 감탄을 자아내었는데, 분자 기계 하나하나를 바라볼 때 마다 그것들이 누군가에 의해 설계가 되지 않고 저절로 생겨났다고는 도저히 말할 수 없겠다는 생각이 들었다. 조나단 웰스(Jonathan Wells: 예일대학 종교학 박사, UC버클리대학 분자 생물학 박사, 현재 Discovery연구소 senior research fellow)는 동물 발생에 매우 중요한 역할을 하는 소위 '호미오박스(homeobox) 유전자'—180개의 염기 서열로 구성되어 60개의 아미노산을 갖는 단백질을 만들어 냄—의 경우 그것이 우연히 발생할 수 없는 생물학적 근거를 자세히 설명하였는데, 특히 이 유전자가 우연히 발생될 확률이 $1/10^{75}$로서 천문학적 숫자임을 보여 주어 확률적으로도 누군가의 설계가 없이는 도저히 이 물질이 저절로 생겨날 수 없음을 지적하였다. 폴 넬슨(Paul Nelson: 시카고대학 철학 박사, 현재 *Origins & Design* 편집장, Discovery연구소 senior research fellow) 또한 생물계의 기원에는 다윈이 생각했던 것과는 달리 공동의 조상이 있는 것이 아님을 증거하였다. 테트라하이메나(Tetrahymena: 강장동물의 일종)의 DNA는, 보통 다른 동물에서는 단백질 합성의 멈춤 부호로 사용되는 UAA와 UAG가 글루타메이트라는 아미노산을 만드는 부호로 바뀌어 있다는 것으로, 이 생물의 기원이 다른 생물과 공동의 조상으로부터 왔다고 보기에 매우 어려운 이유를 생물학적으로 잘 설명하여 주었다. 그 외에도 윌리엄 템스키(William Dembski: 시카고대학 수학 박사, 일리노이대학 철학 박사, 프린스턴대학 신학 석사, 현재 베일러대학 조교수, Discovery연구소 senior research fellow)는 생물의 기원에 대한 '지적 설계 이론' 적 접근에 있어서 중요한 몇 가지 용어와 철학적인 문제들을 잘 정리해 주어 도움이 되었다.

생물의 기원에 대하여, 그것이 저절로 발생한 게 아니라 누군가 지적인 존재에 의하여 설계되었다는 생각은 결코 새로운 아이디어는 아니다. 그것은 인류의 역사만큼이나 오래된 하나의 이론인데, 특히 성경을 손에 쥐고 있던 유대인들이나 주변에 살던 아랍 족속들 그리고 후에 와서 기독교의 전파와 함께 창조의 기사를 접하게 된 유럽인 사이에서 인류의 기원을 설명하는 데 '설계 이론' 은 하나의 정설로 알려져 있었다. 그러나 다윈이 『종의 기원』을 가지고 모든 생물은 물질로부터 저절로 진화되어 왔다는 이론을 소개하면서부터, 생물의 기원은 설계에 의한 게 아니라 우연히 진화된 것이라는 주장이 보다 더 과학적으로 설득력이 있는 것처럼 사람들 사이에 널리 인식되어 갔다. 물론 다윈이 주장한 진화론도 그 뿌리를 찾아보면 결코 새로운 개념이 아니어서 이미 오래 전에 이방 종교를 믿는 사람들 사이에 널리 퍼져 있던 생각에 불과한 것이었다. 그런데 그의 주장이 설득력이 있어 보인 이유는 오직 그것이 과학적으로 증명된 것처럼 보였기 때문이다. 그 결과 오늘날의 과학을 비롯한 제반 학문의 영역에서 진화론은 하나의 절대 진리라도 되는 듯한 독보적인 위치를 차지하게 되고 말았던 것이다.

그러나 과학이 점점 발달하여 생물계의 겉모습만 관찰하던 과거의 전통적인 생물학 연구의 단계에서 이제는 생물의 세포 및 그 안의 분자 세계로까지 생물학 연구의 영역이 넓어지게 되면서, 과학자들은 놀랍게도 생물의 각 세포 속에는 그 생물의 생존에 필요한 중요한 유전 정보가 빽빽하게 들어 있음을 관찰하게 되었다. 이것은 일종의 생물학에 있어서 일대 혁명을 가져오는 발견이었는데, 그와 동시에 생물계에 가득 찬 '정보'에 대한 새로운 해석의 문을 여는 전환점이 되는 기회이기도 하였다. 정보란 그것을 주는 자 없이는 절대 생겨날 수가 없다는 것은 조금만 깊게 생각해 보면 쉽게 깨달을 수 있는 자명한 일이다. 결국 생물계에 가득 찬 정보의 존재는 그것이 '설계' 되었음을 깊이 암시하는 것이요, 이제 일련의 과학자들에 의해서 그것이 하나의 학문적 이론으로 모습을 갖추어 나타나기 시작했다고 할 수 있는데, 그것이 바로 여기에 소개한 지적 설계 이론인 것이다. 이것은 진화론이 지배하고 있는 학계의 현 상황에서 볼 때 매우 고무적인 일이 아닐 수 없다. 과거에 진화론이 처음 등장할 때에는 과학이라는 힘을 등에 업고 사람들에게 마치 그것이 진리인 양 받아들여질 수 있었으나, 이제 진화론은 그 동일한 과학에 의해서 자리를 물러나야 할 위기에 처해 있는 것이다.

하지만 다윈이 『종의 기원』을 내놓은 이래 약 140년 동안이나 사람들의 생각을 지배해 온 진화론이 쉽게 수그러들기는 결코 쉽지는 않을 것이다. 이번 학회에서도 지적 설계의 새로운 증거들이 제시되는 대다수의 분위기 속에서도 몇몇 학자는 아직도 다윈식의 진화론적 사고방식을 갖고 어렵게 해석을 해 보려는 흔적을 발견할 수 있었다. 그중에서도 특히 스티븐 스틴위크(Steven Steenwyk: 미시간주립대학 물리학 박사, 현 칼빈대학 교수) 혹은 패틀 펀(Pattle Pun: 뉴욕주립대학 생물학 박사, 현 휘턴대학 교수) 같은 이는 진화론적 사고방식을 크게 벗어나지 않고 있음을 알 수 있었는데, 안타깝게도 그들은 소위 복음적이라고 알려져 있는 기독교 대학의 교수들이다. 진화론의 영향이 성경의 진리를 가르치는 기독교 대학에까지도 깊게 침투해 있음을 잘 보여 주는 예이다.

학문이란 그 성격상 항상 새로운 이론을 내놓게 되어 있다. 그렇다고 해서 전에 나온 이론이 항상 틀리다는 뜻은 아니다. 오히려 새로운 이론에 의해서 전에 나온 이론이 보충 설명될 수 있는 경우도 많다. 이런 경우는 비록 새로운 이론이긴 하지만, 전에 나온 이론을 완전히 밀어 내는 것은 아니다. 물리학에 있어서 뉴턴이 정립한 고전 역학은 닐스 보어(Niels Bohr) 등에 의해 시작된 양자 역학에 의해 보다 더 잘 설명되는 영역이 있지만, 그래도 여전히 훌륭한 이론으로 남아 있다. 멘델이 정립한 유전학의 법칙도 또한 오늘날 분자 유전학에 의해서 보다 더 잘 설명되긴 하지만 여전히 그 가치가 인정되고 있다. 그러나 진화론은 그 작용 기전을 전혀 설명할 수 없는데다가, 과거 진화론의 증거라고 제시되었던 것들이 하나하나 그 문제점들이 드러나고 있어 매우 어려운 위기에 처해 있다. 이런 경우는 새로운 이론에 의해서 그 자리를 완전히 비켜 주어야만 하는 결과를 예상할 수밖에 없게 되고 만다. 지적 설계 이론은 진화론을 대치할 수 있는 과학적 근거를 충분히 갖고 있다. 이제 우리의 자녀들이 학교에서 기원에 관한 새로운 과학 이론을 배움으로, 하나님의 존재를 보다 더 쉽게 발견할 수 있는 마음 밭을 가지고 아름답게 성장하는 모습을 그려 볼 때도 되지 않았는가?

〈시카고 창조과학 컨퍼런스〉를 마치고

'너희는 눈을 높이 들어 누가 이 모든 것을 창조하였나 보라'(사 40:26) 이것은 2001년에 열렸던 〈시카고 창조과학 컨퍼런스〉의 표어이자 주제이기도 하였는데, 과연 이 말씀대로 2001년 컨퍼런스는 이틀 동안 연인원 700명을 동원하는 대성황 가운데 하나님께서 온 우주와 우리 인간을 포함한 모든 생물의 창조주 되심을 증거하는 축제의 한마당이 되었다. 그 동안 개별 강사들에 의한 크고 작은 세미나는 여러 차례 있어 왔지만, 이때처럼 여러 강사들이 한자리에 모여서 창조의 과학적 사실을 증거하는 일은 시카고 교민 역사상처음 있는 일이어서 그것 자체만으로도 이 행사는 매우 뜻 깊은 것이되었다. 참석한 많은 사람들로 하여금 창조의 사실을 바탕으로 한 올바른 성경적 세계관으로 세상을 보게 하고, 우리의 신앙을 기초부터

다시 다지는 중요한 계기가 되게 하였다는 점에서 더 큰 의미가 있었다고 하겠다.

이 행사에 어떤 분은 워싱턴 DC에서 비행기를 타고 왔고, 미시간 주의 한 목사님은 10여 명의 청년들을 이끌고 참석하는 등 인근 각지에서 많은 분들의 관심이 있었는데, 당시 컨퍼런스에서 소개된 여러 주제 강연들의 하이라이트를 요약하여 이 자리에서 소개하고자 한다.

한국창조과학회가 발족한 지 20년이 넘은 지금까지 한국과 미국에 거주하는 많은 강사들이 기회가 있을 때마다 한국은 물론이요, 미주 지역 교민들에게도 창조과학 강의를 해 오고 있지만—참고로 미주 지부가 공식적으로 출범한 것은 1998년임— 아직도 많은 분들이 창조과학 자체에 대하여 의구심을 갖고 있거나 그 중요성을 잘 이해하지 못하고 있음을 발견하고 이 사역의 필요를 더욱 느끼게 된다. 우선 우리가 알아야 할 것은 '소위 과학이라는 것이 정확히 무엇인가' 하는 것과 '그것이 내가 믿는 성경과는 어떻게 조화를 이룰 수 있는가' 하는 점이다. 첫째 날 저녁 집회에서 김석화 박사(의약화학 전공)는 '창조론과 진화론이라는 과학적 개념의 발달이 역사를 통하여 어떻게 발전해 왔는가, 그리고 이것이 과학의 정의와 맞물려 어떤 의미가 있는 것인가' 하는 문제를 다루었다. 과학은 우리가 잘 아는 것처럼 관찰 가능하거나 실험을 통해 증명할 수 있는 대상을 상대로 연구를 하는 학문이다. 그러나 창조니 진화니 하는 문제는 본질적으로 관찰이나 실험적 증명이 불가능한 성질의 것이어서 엄밀한 의미에서는 일반적으로 우리가 생각하는 과학적 연구의 대상이 될 수 없다. 그러나 그럼에도 불

노아 홍수와 같은 거대한 홍수의 증거를 보여 주는 그랜드 캐니언

구하고 이미 밝혀진 기존의 과학적 지식과 방법을 이용하여 어떤 기원적 설명이 보다 더 합리적으로 현재의 과학적 지식과 모순 없이 들어맞는가를 논할 수는 있으므로, 이런 식의 연구를 달라스신학교의 노만 가이슬러(Norman Geisler) 교수가 제안한 것처럼 일반 과학과 분리하여 소위 '기원과학'으로 부른다면, 우리가 무엇을 논의하고 또 그 한계는 무엇인지를 분명히 할 수 있을 것 같다. 이런 점에서 창조과학은 어디까지나 과학의 한계를 분명히 인식하고 오직 우리가 과학적 지식으로 알 수 있는 범위 내에서 이미 자연계에 나타난 창조의 사실을 증거함으로 성경의 역사성을 뒷받침하여, 궁극적으로는 사람들로 하여금 성경 전체를 오류가 없는 하나님의 말씀으로 받아들이게 하는 데

그 사역의 목적이 있는 것이지, 결코 성경을 과학적으로 증명하려 들거나 하나님의 말씀보다 과학적 지식을 더 위에 두는 것은 아니다.

　성경의 창세기는 성경 전체의 기초가 되는 책이다. 그중에서도 창세기 1-11장에는 모든 것의 기원을 설명해 주는 매우 중요한 내용들이 들어 있는데, 많은 사람들 심지어는 신앙생활을 오래한 사람이나 일부 목사들조차도 이 부분을 역사적 사실로 받아들이지 못하고 있다. 예를 들어 하나님께서 노아의 가족을 제외한 모든 인류를 심판하신 기록이 창세기 6-8장에 기록되어 있는데, 이때 성경에 기록된 홍수를 단순히 노아가 살던 지역에 내린 지역 홍수 정도로 받아들이는 사람들이 많다. 그러나 둘째 날 낮 특강과 저녁 집회를 통해서 이재만 한국창조과학회 미서부지부부장(지질학 및 구약학 전공)은 자세한 지질학적 증거들을 통하여 우리 주변에 널려 있는 퇴적암과 그 속에서 발견되는 생생한 화석들은 전 지구를 뒤덮은 대홍수가 아니고는 이들의 존재를 설명하기 어렵다는 것을 설명하였다. 그 동안 진화론적 해석에 의하여 지층이나 바위, 그리고 산맥이 아주 오랜 시간 동안 서서히 형성되어 왔을 것으로 많은 학자들이 생각해 왔으나, 새로운 관찰과 보다 정확한 실험적 자료에 의하면 이것들이 형성되는 데는 오랜 시간이 필요한 게 아니라 오히려 과거에 이들을 만들기에 충분하였을 어떤 큰 사건이 필요했다는 것이 점점 밝혀지고 있다. 이 같은 지질학적 증거는 혹자가 생각하듯이 지구의 나이가 수십억 년이나 되는 것이 아닐 뿐만 아니라 성경에 기록된 노아의 홍수 같은 사건이 과거에 실제로 일어났음을 강력하게 시사해 주고 있는 것이다.

성경은 물론 과학책이 아니다. 하지만 성경에 어떤 자연에 관한 기록이 나올 때는 놀라우리만치 우리가 오늘날 알고 있는 과학적 사실과 일치한다. 예를 들어 우주 비행사가 보내 온 사진을 보면 우리가 살고 있는 지구는 우주 공간에 그냥 떠 있는 것처럼 보이지만 사실은 보이지 않는 물체 간의 힘에 의해 공간에 위치해 있는 것인데, 하나님께서는 로켓이 개발되기 이미 오래 전에 성경 기자를 통하여 우리가 사는 지구가 공간에 매달려 있다고 말씀하셔서(욥 26:7) 우리를 놀라게 한다. 한편 이사야에도 "그는 땅 위의 궁창에 앉으시나니…"(사 40:22)라고 말할 때 히브리어 'khug(영어로 circle이란 뜻)'를 사용하여 지구가 둥글다는 사실을 당시 이사야 선지자가 이미 알고 있었음을 보여줌으로, 성경이 하나님의 영감으로 기록되었음을 간접적으로 시사하고 있다. 그 외에도 여러 가지 천문학적인 발견과 성경의 기록이 놀라울 만큼 일치됨이 둘째 날 이동용 박사(항공기계공학)의 낮 특강을 통해 증명되었다.

하나님께서 창조하신 우주 만물 가운데서도 인간을 포함한 생명체의 창조는 그야말로 압권이다. 딱따구리의 두개골과 부리 사이의 놀라운 충격 흡수 장치와 그 머리를 뒤로 감싸며 돌아가는 긴 혀는 이 새가 도저히 우연히 진화될 수 없음을 강력히 증거하며, 그 외에도 꽁무니에서 내는 빛을 통해 짝짓기 신호를 절묘하게 조절하는 반디에서부터 우리가 하찮게 여기는 박테리아의 몸을 움직이는 편모와 세포 속의 DNA를 비롯한 여러 가지 분자 구조들에 이르기까지 생물체의 몸 곳곳에서 발견되는 소위 '더 이상 축소할 수 없는 복잡성(irreducible complexity)'의 발견들은 어떤 지혜를 갖춘 이의 의도적 설계가 아니고는 이 땅에 생물체가 존재할 수 없음을 보여 주는 증거임을 필자도 첫째 날 저녁 집회를 통해서 피력하였다.

앞서도 밝힌 것처럼 창조과학 사역은 인본주의 진화론 교육으로 인해 비뚤어진 우리의 세계관을 바로잡아 준다. 우리는 아무런 목적 없이 우연 발생적으로 태어난 산물이 아니고, 창조주의 계획 아래 예수님을 영접함으로 그분의 자녀가 되는 축복을 누리는 귀한 존재들이다. 지식과 증거가 없어도 우리는 모두 그분의 자녀가 될 수 있다. 하지만 바른 성경적 지식과 생생한 체험적 증거는 우리의 신앙을 매우 굳건하게 할 뿐만 아니라, 담대함을 얻어 이방인들에게 나아가 복음을 증거케 하는 힘이 된다. '이방인의 사도'라고 불렸던 바울이 그리스의 아테네 등에서 설교할 때처럼(행 17:22-31), 창조주에 대한 지식은 복음을 받아들이게 하는 기초를 형성한다. 둘째 날 저녁 집회에서 최인식 박사(의사, 한국창조과학회 미주지부장)는 이 같은 사실을 강조하면서 아울러 복음 증거와는 또 다른 차원에서의 창조과학의 시대적 필요성을 피력하였는데, 바로 욥에게 행하신 하나님 자신의 직접적인 '창조과학 세미나'를 통하여(욥 38-41장) 볼 수 있는 것처럼 우리의 크고 작은 모든 인생의 질문들은 크고 위대하신 토기장이 하나님의 절대 주권을 발견하고 그 안에 우리가 안주할 때 그 안에서 모두 녹아질 수 있음을 깨닫게 하였다.

창조과학 사역은 크고 위대하신 하나님을 발견케 한다. 그러나 동시에 그분이 얼마나 섬세한 분이신가도 깨닫게 한다. 전에는 귀로만 듣던 신앙에서 이제는 눈으로 보는 신앙으로 우리를 한 차원 끌어당긴다. 그랜드 캐니언을 말로만 듣는 것과 실제로 가 보는 것이 어찌 같다고 말할 수 있겠는가? 위대하신 하나님의 창조 솜씨를 실제로 본 자는 세상을 보는 눈이 달라질 수밖에 없지 않겠는가?

두 개의 과학

현대를 가리켜 과학시대라고 부르는 데 이의를 제기할 사람은 아무도 없을 것이다. 우리 주변에 과학의 영향을 입지 않은 것을 찾아보기 어려울 만큼 우리는 눈부시게 발전하는 과학의 혜택을 과거의 그 어느 때보다도 더 많이 누리며 살고 있다. 집집마다 전기를 이용하여 생활의 편리를 추구하며, 비행기를 타면 지구상의 아무리 먼 곳이라도 단 하루 안에 다다를 수가 있다. 인공위성은 안방에 앉아서 전 세계를 볼 수 있게 해 주며, 컴퓨터는 인간의 생각까지 대신해 준다. 그런가 하면 사시사철 언제라도 원하는 과일을 먹을 수 있고, 병원에 가면 심장도 새 것으로 바꾸어 준다. 그야말로 작은 것에서 큰 것에 이르기까지 과학은 우리의 생활을 지배하고 있다고 하여도 과언이 아닐 것이다.

한국창조과학회에서 펴낸 기원과
학에 관한 책의 표지

오늘날 과학이 우리 앞에 이렇게 성공할 수 있었던 것은 아마도 과학이 갖고 있는 학문적 방법의 특수성에 그 원인이 있는 것 같다. 즉, 과학은 어떤 자연 현상에 대하여 반복되는 관찰과 실험을 통하여 그 현상 배후에서 작용하는 원리를 찾아내고 이 원리를 다시 사물에 적용함으로써, 결국은 우리로 하여금 자연을 통제할 수 있는 힘을 갖게 한다. 그러므로 과학적이라는 말은 좁은 의미에서 실험적이라는 말로 환원될 수 있을 만큼 과학에서 실험이 차지하는 비중은 거의 절대적이다. 물론 실험을 하지 않고 단지 이론만으로도 과학적 활동을 전혀 못하는 것은 아니지만, 그 이론이 소위 '과학적'이라는 권위를 갖기 위해서는 반드시 실험으로 입증이 되어야만 하기 때문이다.

그런데 모든 현대 과학의 이론과 방법을 같이 사용하면서도 본질상 그 성격이 다른 과학이 하나 있다. 바로 창조론이나 진화론과 같이 기원에 관한 문제를 연구하는 과학이다. 기원에 관한 연구는 일반적으로 우리가 인식하고 있는 과학과는 달리 현재가 아닌 과거를 다루며, 따라서 과학적 방법의 성격인 관찰과 실험을 적용할 수 없다는 근본적 차이가 있어 엄밀한 의미에서는 소위 '과학적'이라는 말을 붙이기가 어렵지만, 현재 알고 있는 과학적 사실을 바탕으로 가장 합리적인 이론을 추론해 내고 그 이론의 타당성을 또한 새로운 이론에 맞추어

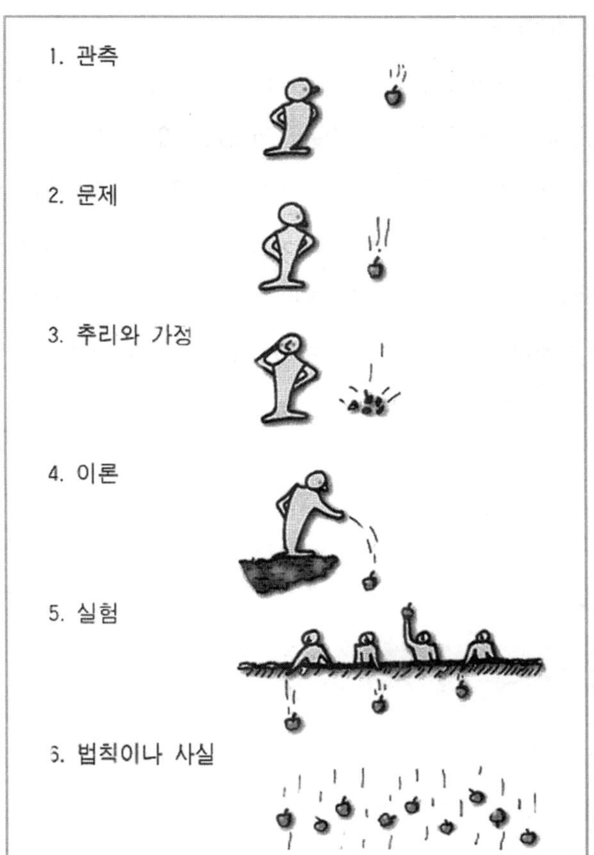

일반적으로 사용되는 과학적 방법의 과정

점검해 볼 수 있으므로 과학이라는 이름을 쓰고는 있다. 이와 같은 성격의 차이점을 고려하여 미국 달라스신학교의 노만 가이슬러 교수는 기원의 문제를 연구하는 과학을 '기원과학(origin science)'으로, 그리고 우리에게 생활의 편리함을 느끼도록 문명의 혜택을 제공해 주는 일반 과학을 '기능과학(operation science)'이라는 이름으로 구별하여 부를 것을 제안하였다.

결국 기원과학은 기능과학과는 달리 실험적으로 증명될 수 없으며 따라서 기원의 문제는 과학적 연구의 전유물이 될 수 없고 과학은 단지 이해를 돕는 한 방편이 될 뿐이다. 성경은 하나님께서 우주를 말씀으로 창조하셨다고 가르친다. 과학의 눈으로 보아도 우주의 기원을 창조주에게서 발견하는 것이 보다 합리적이다. 정직한 과학은 성경과 모순이 없다. 과학은 하나님께서 주신 축복이다. 바른 신앙에 기초한 올바른 과학이 필요한 때이다.

네가 거기 있었느냐?

오늘날 과학의 발달은 우리에게 편리한 생활을 가져다주었을 뿐만 아니라 동시에 자연에 대한 이해를 높여 줌으로써, 자연은 이제 더 이상 우리에게 두렵고 경이로운 존재가 아니라 오히려 우리의 지배를 받는 존재가 된 것 같은 느낌마저 갖게 하기에 이르렀다. 자연을 이해하고 개발하는 것은 성경적으로 보아도 하나님의 문화 명령을(창 1:28) 수행해 간다는 점에서 적극 권장하고 추진해야 할 바이지만, 생활이 편리해지고 자연에 대한 두려움이 사라지면서 인간은 또다시 모든 것을 스스로 할 수 있다는 교만에 빠지는 우를 범하고 있으며, 급기야는 많은 사람들이 하나님의 존재를 부인하는 무신론이나 초월적 존재에 대하여는 알 수 없다는 입장을 취하는 소위 불가지론자로 전락하고 말았다.

욥은 욥기 26장 7절에서 지구가 공간에 매달려 있음을 기록하고 있다

그러나 인간이 자연의 법칙을 이용하여 아무 때나 필요한 것들을 손에 넣을 수 있게 되었다고는 하지만, 우리는 여전히 하나님의 보호하심 안에 살고 있음을 잊어서는 안 된다. 왜냐하면 우리가 발견하고 이용하는 자연의 법칙과 그 법칙이 작용하는 이 자연세계야말로 바로 하나님께서 지으셨을 뿐만 아니라, 능력의 말씀으로 붙들고 계시며(히 1:3), 또한 그분 안에서 함께 서 있음으로(골 1:17) 유지되기 때문이다. 사실 우리의 과학적 지식이 많아졌다고는 하지만 우리가 아는

것은 그분의 발끝에도 못 미칠 만큼 아주 일부분이다.

과학자들은 한 가지 사실을 새롭게 알게 될 때마다 열 가지의 모르는 것들을 또한 새롭게 발견하게 된다는 사실을 아는가? 우리는 절대 하나님을 넘어설 수 없다. 우리는 그분 안에서만 존재할 뿐이다. 이 진리를 발견한 자는 그분 안에 거하여 참 평강과 자유를 누릴 수 있지만, 이 진리를 모르는 자는 그분의 밖에서 외로움과 두려움에 몸을 떨게 될 것이다.

하나님께서는 일찍이 고통 받는 욥에게 찾아와 이렇게 말씀하셨다. "내가 땅의 기초를 놓을 때에 네가 어디 있었느냐 … 누가 그 도량을 정하였는지, 누가 그 준승을 그 위에 띄웠었는지 네가 아느냐"(욥 38:4-5) "누가 폭우를 위하여 길을 내었으며 … 사람 없는 광야에 비를 내리고 … 연한 풀이 나게 하였느냐"(욥 38:25-27) "가슴속의 지혜는 누가 준 것이냐 마음속의 총명은 누가 준 것이냐"(욥 38:36) 욥기에 기록된 이 같은 하나님의 많은 질문들은 바로 그분이 우주를 지으시고 우리에게 과학을 할 수 있는 지혜까지 주신 창조주이심을 선포하며, 그와 동시에 우리는 그분 안에서 살 수밖에 없는 미약한 존재임을 일깨워 주고 있다.

마음속의 교만을 물리치고 겸손한 자세로 자연세계를 들여다보면, 그곳에서도 살아 움직이는 하나님의 숨결을 발견할 수가 있다. 참된 과학은 결코 하나님의 존재를 부정하지 않는다. 진정으로 진리를 추구하는 과학자는 과학의 능력과 한계를 바로 인식하며, 또한 초월적인 세계에도 눈을 돌린다. 하나님께서는 오늘도 우리에게 말씀하신다. 네가 어디 있었느냐? 내가 너를 지을 때에 네가 어디 있었느냐? 내가 너를 지었느니라. 자, 이제 우리 모두 이렇게 기도해 보지 않겠는가? 주여, 주의 사랑으로 우리의 교만을 꺾으시고 오직 우리를 주안에 거하게 하여 주시옵소서!

제 4 장 생물, 창조인가 진화인가?

"그렇다면 아무리 오랜 시간이 지난다고 할지라도,
지구의 바다 속에서 단백질이 우연히 생겨날 수 있다고 믿는 것은
그야말로 개구리가 어느 날 마술이 풀려 왕자님으로 변하는 것과 같은 식의
동화 이야기를 믿는 것보다도 더 어려운 이야기가 아니겠는가?"

귀 있는 자는 들을지어다!

오래 전에 한국에서도 방영되어 인기를 끌었던 미국의 TV 프로그램 가운데 "특수 공작원 소머즈"라는 것이 있었다. 다름 아닌 특수 첩보 요원으로 활동하는 생체공학적 인간의 이야기로써, 오른 팔과 두 다리 그리고 한쪽 귀에 전자 회로가 들어 있는 인공 기관을 갖고 있어 정상인과는 다른 소위 초능력을 발휘한다는 드라마적 설정이 매우 흥미를 끌었고, 비슷한 소재의 "600만 불의 사나이"라는 프로그램과 함께 특히 어린아이들 사이에 큰 인기를 얻었던 것으로 기억한다. "특수 공작원 소머즈"에 있어서 특히 인기 있었던 것은 그의 초능력적인 전자 인공 귀였는데, 필자도 친구들과 함께 "과연 그런 전자 인공 귀가 가능할까?" 하고 이야기를 나눴던 기억이 난다. 그런데 얼마 전에 미국의 NBC 방송(2001년 7월 29일, 그리고 8월 20일 아침

"*Good Morning America*"에서 방영)에서는 소머즈 같은 초능력은 아니지만, 소리가 거의 들리지 않는 사람의 귀에 인공 귀를 부착하는 수술을 하여 청력을 회복시켜 주었다는 보도가 있어서 필자의 관심을 끌었다.

캘리포니아 주에 거주하는 한 부부는 두 사람 모두 다 어릴 때부터 청각에 이상이 있어 소리를 아주 부분적으로만 희미하게 들을 뿐이었는데, 이번에 생체공학적인 방법으로 새로이 개발된 인공 달팽이관을 이식받음으로써 청각에 현저한 회복을 가져오게 되었다. 물론 오랫동안 소리를 잘 듣지 못한 채로 살아온 탓에 정상인과 같은 수준의 청각을 회복하는 데는 상당한 노력과 시간이 요구될 것이긴 하지만, 이들 부부에게는 그야말로 획기적인 삶의 변화가 아닐 수 없었다. 더군다나 이 부부에게는 이제 만 두 살이 채 안 된 어린 딸이 하나 있는데, 이 딸도 그만 날 때부터 청각 장애를 갖고 태어나서 그 동안 부부의 마음을 아프게 하였지만 이제는 그 부모가 받은 것과 같은 종류의 수술을 받음으로 보다 일찍부터 정상적으로 소리를 접하고 성장할 수 있다는 큰 희망에 부풀어 있다.

우리가 평상시에 주의를 안 하고 무심히 지나쳐 우리에게 소리를 들을 수 있는 귀가 있음에 고마움을 잘 느끼지 못했을지 모르지만, 하나님께서 주신 우리의 귓속을 들여다보면 그 세밀한 솜씨에 놀라지 않을 수가 없다. 귀에 부딪힌 소리는 먼저 외이도—우리가 귀지를 팔 때 귀이개로 지나면서 건드리게 되는 부분으로 대략 2.5cm 길이에 7mm의 직경임—라고 부르는 좁은 통로를 지나면서, 그 통로의 끝에 연결

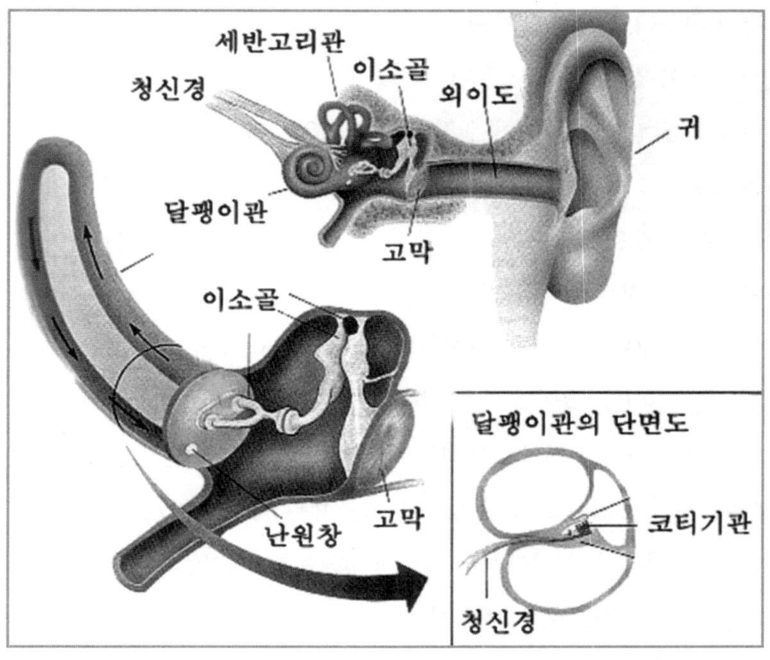

사람 귀의 구조

된 마치 펼쳐진 우산 모양처럼 생긴 얇은 고막을 진동시킨다. 이때 만
들어진 진동은 고막에 연결된 세 개의 작은 이소골을 차례로 통과하면
서 그 귀에 들어온 소리의 강도를 증폭시키는데, 이소골이 들어 있는
이 부분을 중이라고 하며 대략 우리가 보통 커피에 넣어 먹는 각설탕
만 한 크기의 공간에 해당한다. 중이 속의 이소골은 그 구조와 배치가
소리를 증폭시키기에 매우 적절하게 놓여 있어 우리의 귀에 들어온 소
리를 거의 잃어버림 없이 들을 수 있도록 해 준다. 이제 이소골을 통과
한 소리는 마지막으로 대략 완두콩만 한 크기의 달팽이관 속으로 들어

가게 되는데, 달팽이관 속에는 약 눈물 한 방울에 해당하는 부피의 액체가 들어 있어 고막에서부터 이소골을 통해 전해져 온 소리의 진동은 이제 이 달팽이관 속 액체에 작은 물결을 일으키게 된다. 이 액체 위에는 얇은 막이 하나 떠 있는데, 물결이 움직일 때마다 이 막이 같이 움직이면서 거기에 붙어 있는 미세한 머리카락 모양의 신경세포들이 이 막을 통해 전해지는 물결의 높낮이를 감지하게 되고, 그것을 전기적 신호로 바꾸어 뇌에 전달하게 되면 비로소 우리가 소리를 들을 수 있게 되는 것이다. 그야말로 한 방울의 작은 액체 속에서 생겨나는 물결의 파고를 가지고 우리가 느끼는 수많은 소리의 신비가 만들어지는 것이다. 사람의 귀는 보통 주파수 20에서 20,000헤르츠 사이의 소리를 들을 수 있는데, 그중에서도 약 2,500헤르츠 부근의 소리를 가장 잘 들을 수 있다(참고로 이야기 하면, 피아노는 27.5Hz에서 4,186Hz 사이의 소리를 내며, TV를 켜고 소리를 가장 낮게 줄여 놓았을 때 나는 지지직 거리는 소리는 16,000Hz에 해당한다). 그것은 앞서 이야기한 외이도의 구조가 이 주파수 부근의 소리를 가장 잘 증폭해 주도록 되어 있기 때문인데, 이 주파수 부근의 소리는 자그마치 우리의 고막이 불과 1억 분의 1센티미터, 즉 수소 원자의 두께에 해당하는 길이만큼만 움직임으로도 소리를 전달할 수 있다고 하니 놀라운 일이 아닐 수 없다. 생각해 보라! 수소 원자의 직경에 해당하는 길이만큼의 고막의 미세한 움직임이 달팽이관 속의 눈물 한 방울만 한 액체에 파고를 일으키고, 그 물결의 높낮이를 머리털 같은 신경세포가 감지하여 그 소리의 바뀐 전기 신호를 뇌에 전달하는 과정을 말이다. 이것이 하나님의 설계를 통하지 않고 우연히 생겨날 수 있는 성질의 것이겠는가? 사실 이번에 TV에 소개되었던 캘리포니아의 한 부부와 그 딸이 수술로 이식을 받은 전자 인공 귀는 원래 이와 같이 우리의 정상적인 귀가 소리를 전달해야 하는 과정을 대신해 주는 것뿐으로써, 특히 달팽이관 속의 신경세포가 기능을 하지 못하는 것을 전자 장치를 통하여 대신 소리의 신호를 전기 신호로 바꾸어 주어 뇌에 전달케 함으로 청각 장애자들에게 소리를 들을 수 있는 기회를 열어 주게 된 것이다.

우리는 아주 어릴 적 엄마의 자궁 속에 있을 때부터 우리 주변의 소리에 익숙해져서 듣지 못한다는 것이 어떤 것인지 잘 모르는 채로 살고 있다. 그래서 청각을 잃어버린 세상을 상상한다는 것이 무척이나 쉽지 않은데, 마치 TV의 무음 화면을 보는 답답한 기분과 같지 않을까? 사실 소리는 우리에게 많은 신비감을 주며 또 상상을 자극한다. 음악이 없는 세상을 생각해 보라. 사랑하는 사람의 부드럽고 아름다운 음성을 떠올려 보라. 소리의 세계는 비록 눈에는 보이지 않는 세계이지만 우리를 또 다른 존재의 차원으로 인도한다. 보이지도 않고 들을 수도 없으며 말조차 할 수 없는 삼중고를 겪은 것으로 유명한 헬렌켈러는 만약 한 가지를 골라서 회복할 수 있게 된다면 자신이 겪고 있는 세 가지 고통 중에서 무엇을 선택하겠냐는 질문에, 놀랍게도 소리를 듣고 싶다고 대답하였다고 한다. 이 이야기는 우리에게 듣는다는 것이 어떤 의미인가를 다시 생각하게 한다. 사실 우리는 살아가면서 소리를 들을 수 있게 해 주는 청각이 있다는 사실에 대하여 몇 번이나 하나님께 감사했었던가? 요한복음은 태초에 말씀이 있었는데 이 말씀이 곧 하나님이었다고(요 1:1) 가르친다. 하나님께서는 천지를 지으실 때 그분의 말씀으로 '가라사대' 지으셨다. 이 땅에 오신 예수님을 그를 예비한 세례 요한은 광야의 외치는 소리였다(마 3:3). 예수님이 세례 요한에게 세례를 받으실 때에 하늘로서 소리가 있었으며 성령이 임하셨다(마 3:16-17). 오순절에 마가의 다락방에 성령이 임할 때에도 하늘로부터 소리가 있었으며(행 2:2), 사울이 다메섹에서 예수님을 만나 회심할 때에도 하늘에서는 소리가 있었다(행 9:3-4). 이제 어린양의 혼인 잔치가 벌어질 때에도 하늘에는 큰 음성이 있어 축제의 소리가 하늘에 자자하게 될 것이다(계 19:1-8). 자, 하나님께서 우리에게 주신 이 놀라운 청각을 가지고 우리는 어떤 소리를 들을 것인가? 세상에는 수많은 다양한 소리가 있어 저마다 자기 소리를 내고 있지만, 하나님께서는 무엇보다도 우리가 하나님 자신의 음성을 듣기 원하신다. 그것도 아주 세미한 소리로(왕상 19:12) 말씀하시는 그분의 음성에 우리가 귀 기울이기를 원하신다. 그야말로 우리의 고막을 수소 원자의 두께만큼, 눈곱의 눈곱만큼 움직이면서도 하나님께서는 우리의 귀를 열어 그분의 생명의 말씀을 주시고 싶은 것이다. 태초부터 계시어 우리를 창조하신 그 말씀이 끊임없이 우리를 부르신다. "너희는 내 목소리를 들으라 그리하면 나는 너희 하나님이 되겠고 너희는 내 백성이 되리라"(렘 7:23)라고 말씀하신다. 그러나 오늘날 사람들은 그 귀를 진리에서 돌이켜 허탄한 이야기를 좇으니(딤후 4:4), 주님께서는 이 순간에도 교회에 거듭하여 말씀하신다. "귀 있는 자는 들으라"(마 13:9) "귀 있는 자는 성령이 교회들에게 하시는 말씀을 들을지어다"(계 2-3장)

반딧불의 비밀, 마침내 밝혀지다!

어린 시절을 시골이나 도시의 근교에서 보낸 적이 있는 사람이라면 아마 누구라도 여름밤에 꽁지에 불을 켜고 머리 위를 날아다니는 반디를 보고 가졌던 어떤 경이로움에 대한 기억이 있을 것이다. 어떤 이는 반디를 잡아다가 유리병에 넣어 두고 그 불빛을 보며 신기해했을지도 모른다. 실제로 형설지공(螢雪之功)이란 고사성어는 오늘날과 같은 전깃불이 없던 시절에 가난한 선비들이 밤에도 공부를 하기 위해서 여름에는 들의 반디를 잡아다가 그 불빛으로 공부를 하고 겨울에는 눈 위에 반사되는 달빛으로 글을 읽었다는 이야기에서 만들어진 성어로써, 어려운 가운데서도 학문에 매진하기 위하여 노력하는 모습을 일컫는 말이다. 이와 같이 우리에게 친숙한 반딧불은 과연 어떻게 만들어지는 것일까? 세계적인 권위의 과학 전문 잡지인 *Science*의 2001년 6월

29일자에는 마침내 이 반딧불의 원리를 밝혀 주는 논문 한 편이 게재되어 지난 수백 년간 인류의 곁에서 해마다 여름철이면 우리의 호기심과 상상력을 자극하던 반딧불의 비밀을 드러냈는데, 이제 그 반딧불 속을 같이 들여다보기로 하자.

반디란 보통 우리가 개똥벌레라고도 부르는 1.5센티미터 안팎의 작은 곤충인데, 학문적으로는 갑충류에 속하며 딱정벌레의 일종이다. 지구상에는 현재 약 2,000여 종—미국에만 약 130여 종—이 알려져 있으며 열대와 온대 지방에 걸쳐 광범위하게 분포되어 있다. 그 생애의 대부분—약 2년 정도—은 유충으로 보내고 단지 여름에 짧은 몇 주 동안만을 날개 달린 성충으로 살다가 죽게 된다. 반디는 성충이 되었을 때 수컷과 암컷 모두 두 쌍의 날개를 갖지만, 어떤 종의 암컷은 날개가 없이 그냥 유충처럼 땅에서만 지내는 것도 있다. 몸은 대개가 납작하고 어두운 갈색이거나 검정색인데, 복부에는 특이한 색깔—보통 노랑색이나 주황색 혹은 연두색—의 빛을 내는 구조를 갖고 있어 다른 곤충들과 구별된다. 그러면 이제 복부에 빛을 내는 구조를 좀 더 자세히 살펴보기로 하자.

보통 곤충의 복부에는 공기를 받아들여 운반하는 공기관(tracheal air tube)이 있는데, 반디의 경우에는 이 공기관이 광세포(photocytes)에 둘러싸여 있다. 광세포는 마치 오렌지의 겉껍질을 벗겼을 때 오렌지 조각 하나하나가 한 덩어리로 붙어있는 모습처럼 쐐기 모양으로 생긴 세포 하나하나가 층층이 구획을 지고 배열되어 있는데, 공기관에 가까운 안쪽은 세포 속에 에너지를 공급하는 역할을 하는 미토콘드리

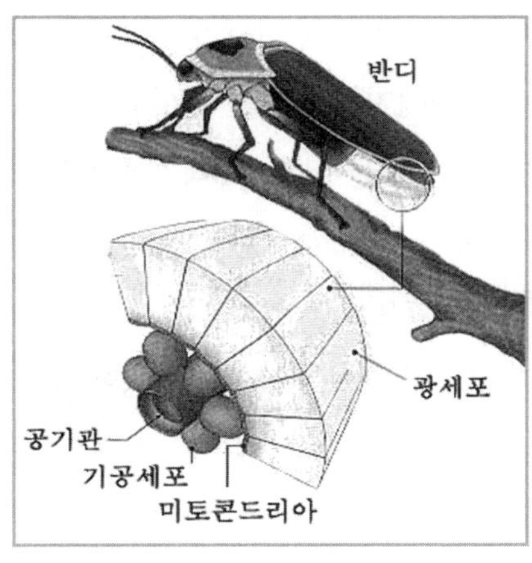

반디는 배에 광세포를 갖고 있어 이를 통해 빛을 낸다

아가 빽빽이 자리를 잡고 있고 외부로 향한 바깥쪽은 투명한 렌즈 모습을 하고 있어 빛을 쉽게 밖으로 비춰 내보낼 수 있게 되어 있다. 그리고 광세포의 중심에는 페록시좀(peroxisome)이라고 불리는 소기관이 있는데, 이곳이 바로 공기 중의 산소를 연소시켜 반디 특유의 빛을 내는 곳이다. 말하자면 전구의 중심에 있는 필라멘트와 같은 역할을 한다고 할 수 있겠다.

반디가 빛을 내는 것은 우리에게는 신비할 수도 혹은 아름다워 보일 수도 있겠지만, 반디 자신에게는 생존이 걸린 매우 중요한 행동이다. 학자들이 연구한 바에 의하면, 반딧불이 갖는 생물학적 중요성은 크게 두 가지로 생각해 볼 수 있다고 한다. 첫째는, 적들에게 자신의 존재를 선명하게 인식시켜 자신을 보호하기 위함인데, 반디의 몸에는 매우 불쾌한 맛이 나는 물질이 들어 있어 다른 동물들에게 마치 "내가 바로 그 고약한 맛이 나는 반디에요. 그러니 나를 잡아먹지 마세요."라고 말하듯이 신호를 보낸다는 것이다. 둘째는, 어쩌면 보다 더 중요한 이유일 텐데, 반딧불을 깜빡임으로써 수컷과 암컷끼리 서로 짝짓기를 하는 신호라는 것이다. 실제로 반딧불을 자세히 관찰해 보면 서로 다른 종간에 그 색깔이 서로 다를 뿐만 아니라 마치 사람이 개발한 모르스 무선 신호를 보내는 것과 같이 그 반짝거리는 불빛의 횟수와 간격이 각 종마다 모두 다름을 알 수 있다. 예를 들어 북아메리카에서 흔히 볼 수 있는 포티누스 피랄리스(Photinus pyralis)라는 반디의 한 종은 수컷이 날아가면서 매 5.5초마다 평균 0.3초 동안의 빛을 내보낸다. 그러면 땅 위에 있는 암컷은 이 불빛을 본 후 약 2초 후에 여기에 대한 반응을 내보내는데, 암컷으로부터 돌아오는 이 반응의 간격을 보고 수컷은 이 암컷이 자기와 같은 종임을 알고 같이 짝을 짓기 위하여 땅으로 내려온다. 같은 종 내의 암수 상호 간에 서로 미리 약속된 신호와 그 해독 장치가 있지 않고는 그들이 종을 유지하기가 불가능함을 알 수 있다. 이것은 반디를 누군가가 설계하였음을 보여 주는 강력한 증거이다. 왜냐하면 예를 들어 우연히 어느 반디 조상 중의 하나가 돌연변이에 의하여 2초 간격의 반응 신호를 내보내는 암컷을 태어나게 했다고 한다면, 그 신호를 사전 약속에 의해서 인지할 수컷이 없으면 그 새로운 반디는 종을 유지해 갈 수가 없게 될 것이기 때문이다. 지구상에 2,000여 종이나 되는 반디들이 모두 서로 다른 신호를 가지고 자신의 종을 유지해 가며 질서를 유지하고 있다는 것은 우연으로는 도저히 일어날 수 없는 기적이요, 바로 하나님의 창조에 대한 또 하나의 분명한 증거이다.

그런데 반디는 어떻게 불을 필요할 때만 일정한 간격으로 켰다 껐다 할 수 있을까? 더군다나 그 간격과 횟수는 매우 정확히 조절되어야만 하지 않는가? 반디의 뇌는 이제 짝짓기를 해야 할 때가 되면 신호를 보내 자신의 몸에 불을 밝히는데, 문제는 신경세포가 공기관까지만 와 있고 광세포에는 연결이 되어 있지 않다는 것이다. 신경세포의 접촉이 없는 광세포를 어떻게 뇌가 조절할 것인가? 이것이 과학자들 사이에서 오랫동안 미스테리였다. 이번에 *Science*의 논문에서 밝혀진 바에 의하면, 공기관 세포가 뇌로부터 신호 전달을 받으면 산화질소(NO)라는 가스를 분비하여 신경세포의 직접적인 연결이 없이도 바로 옆에 있는 광세포로 신호를 계속 전달한다는 것이다. 이때 분비된 산화질소는 먼저 미토콘드리아의 작용을 멈추게 하여 평상시에는 미토콘드리아로 들어가던 산소를 페록시좀으로 들어가게 방향을 바꾸는 역할을 하고, 그 결과 페록시좀으로 들어온 산소는 이제 그 안에서 루시퍼라제(luciferase)라는 효소의 도움을 받아 루시퍼린(luciferin)이라는 유기분자를 산화시키는데, 이때 산화되었던 루시퍼린이 다시 원래의 상태로 돌아올 때 비로소 우리의 눈에 보이는 빛이 나오게 되는 것이다. 한편 미토콘드리아는 이렇게 밝혀진 빛에 의하여 0.3초 내지 0.7초 후 다시 그 기능을 회복하고 페록시좀으로부터 산소를 도로 가져감으로 불이 꺼지게 된다. 결국 뇌의 지시에 의하여 필요할 때에만 분비되는 산화질소가 산소의 방향을 바꿔 줌으로써 반디의 불을 적당한 간격으로 그 종에 맞게 켰다 껐다 할 수 있는 것이다. 미토콘드리아와 페록시좀은 반디의 생존에 절대적으로 필요한 그러나 서로 다른 기능을 하는 두 소기관이다. 그런데 이 둘이 기능을 하는 데 없어서는 안 될 산소를 1초 이내의 짧은 시간 동안에 그것이 사용되는 방향을 바꾸는 절묘한 조절을 통하여 두 소기관의 필요를 모두 만족시키고 있지 않은가? 그것은 이 구조가 우연히 된 것이 아니라 바로 하나님께서 설계하셨기 때문에 가능하다.

이제 반딧불을 볼 때마다 그냥 막연히 신비롭게만 볼 게 아니라 그 반짝이는 불빛 속에서 계획된 하나님의 창조의 솜씨를 발견하고 만물을 지으신 크고 위대하신 하나님을 찬양해야겠다. 작은 곤충 속에서도 살아 숨쉬는 하나님의 세밀하신 창조의 능력을 발견하는데, 하물며 우리를 지으신 하나님께서 우리에게 주시고자 하는 크고 복된 능력들이야 이루 말할 수 있겠는가? 우리가 비록 하나님의 형상대로 지은 바 되어 우리의 지혜를 가지고 여러 가지 발명을 하지만 그분의 솜씨에 미치지 못함은 자연을 연구할 때마다 새롭게 발견하는 사실이다. 이제까지 인류가 만든 그 어떤 전구도 열로 전환되는 에너지의 손실 없이 모든 에너지를 100퍼센트 빛으로만 전환시키지는 못하고 있다. 그런데 반딧불은 예를 들어 같은 밝기의 촛불과 비교하였을 때 그 열이 무려 8만분의 1밖에 되지 않을 정도로, 열로 전환되는 에너지 손실이 전혀 없이 그야말로 거의 100퍼센트 완벽에 가까운 효율성으로 빛을 만든다고 하니 사람이 지혜롭다 하여도 어찌 하나님께 미치겠는가? 그러므로 성경은 말한다. "여호와께 피함이 사람을 신뢰함보다 나으며" (시 118:8)

폭탄먼지벌레의 수수께끼

지구상에 하나님께서 만드신 수많은 곤충들이 있지만 그중에서도 폭탄먼지벌레는 가히 걸작 중의 하나이다. 폭탄먼지벌레는 몸의 길이가 약 3.5센티미터로 비교적 작은 편에 속하는 곤충이지만 매우 놀라운 방어 체계를 가지고 있어 자신보다 훨씬 몸이 큰 거미나 사마귀, 혹은 두꺼비 등으로부터도 자신을 쉽게 보호할 수 있다.

그 이름이 말해 주듯 폭탄먼지벌레는 적으로부터 공격을 받으면 상대방의 얼굴에 폭탄을 퍼붓는데 꽁무니 부근에 있는 근육을 180도 자유자재로 회전시켜 폭탄을 퍼부을 수 있다고 하니 그야말로 오늘날 군대에서 사용하는 회전식 야포가 따로 없다 하겠다. 그러면 과연 이 조그만 벌레의 몸속에서 어떻게 폭탄이 만들어지는지 알아보기로 하자. 우선 이 벌레의 뱃속에는 두 개의 특별한 분비선이 있어, 여기에서 하

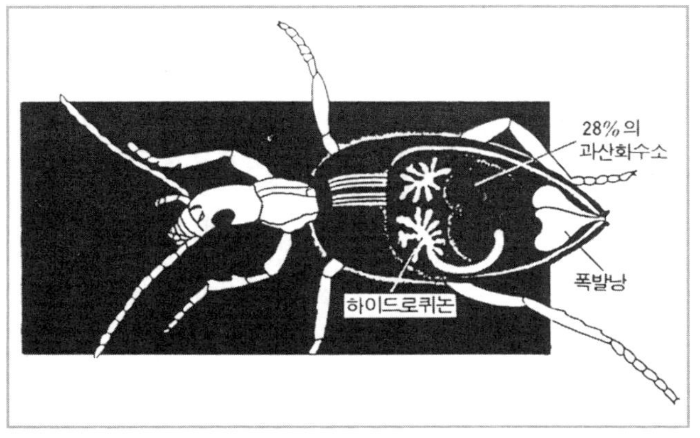

폭탄먼지벌레
의 내부 구조

이드로 퀴논과 과산화수소라고 불리는 두 개의 화학 물질을 분비한다. 하이드로 퀴논은 사진 현상에 이용되며 과산화수소는 소독약으로 쓰이는데 약국에서 쉽게 구할 수 있다. 평상시에 이들은 저장낭이라고 불리는 주머니 모양의 기관에 있다가 적이 나타나면 가느다란 연결 통로를 통해 연소방이라고 불리는 기관으로 내려가게 된다. 이곳에서는 카탈라아제와 페록시다아제라고 불리는 두 개의 서로 다른 효소가 분비되고 있어, 이들 효소의 작용으로 앞서 내려온 과산화수소와 하이드로 퀴논으로부터 마침내 독성 물질인 퀴논을 만들게 된다. 이 화학 반응이 일어날 때 동시에 매우 높은 온도의 열과 압력이 생겨나게 되는데 이때 유일한 출구인 폭탄먼지벌레의 꽁무니를 열게 되면 이 압력으로 인하여 뱃속에 있던 독성 가스가 뜨거운 열과 함께 바깥으로 분출된다. 이 가스는 독성일 뿐만 아니라 뜨겁고 또한 맛이 매우 나빠서 멋모르고 접근했던 동물들은 혼쭐이 나게 되고 이 틈에 폭탄먼지벌레는 유유히 자기의 갈 길을 가는 것이다.

어떻게 이 조그만 벌레의 몸속에 이같이 놀라운 방어 장치가 들어 있게 되었는지 진화론자들에게는 그야말르 수수께끼가 아닐 수 없다. 그들의 이론대로라면 이 폭탄 장치도 과거의 어느 시점에 우연히 생겨 났었음에 틀림이 없을 것이다. 자, 여기 이제 막 폭탄 장치를 진화시키 려고 하는 한 마리의 딱정벌레를 생각해 보기로 하자. 정말 운 좋게도 이 딱정벌레의 뱃속에 폭탄을 만드는 데 필요한 효소를 비롯한 모든 화 학 물질이 우연히 생겨났다고 하자. 앗, 그런데 이게 웬일인가? 화학 물질들을 서로 섞는 순간 효소가 반응하기 시작하며 뜨거운 열과 함께 독성을 지닌 퀴논이 부글부글 끓어오르는 것이 아닌가? 그렇다! 이 압 력을 견뎌 낼 수 있도록 특별히 고안된 연소방이 빠진 것이다. 그러나 이 사실을 알아차렸을 때는 이미 이 불쌍한 딱정벌레의 배는 그 압력을 견디지 못한 나머지 폭발을 하고 난 뒤인 것이다. 세월이 더 많이 흐른 후, 또 다른 어느 딱정벌레가 또 다시 폭탄에 필요한 모든 화학 물질 외 에 이번에는 연소방까지 우연히 만들어 냈다고 하자. 그래서 적을 만나 자 힘차게 폭탄을 쏘아 댔는데, 아뿔싸! 이번에는 꽁무니에 회전식 야 포가 빠진 것이다. 그 다음의 결과는 각자의 상상에 맡기기로 한다.

결국 이러한 방어 체계가 이 벌레의 몸속에서 제대로 작동하기 위 해서는 모든 것이 처음부터 한 자리에 있지 않으면 안 되는 것이다. 다 윈 식의 점진적인 진화로는 이 자그마한 벌레의 폭탄 방어 장치 하나 설명할 수가 없다. 창조의 증거로 훌륭하게 쓰임 받는 폭탄먼지벌레를 바라보며 미소 지으실 하나님의 모습이 눈에 그려진다.

딱따구리의 비밀

하나님은 가장 위대한 과학자이시다. 그분이 만드신 이 우주를 들여다보면 그 구조의 정교함과 기능의 적합성에 감탄을 금하지 않을 수가 없는데, 그중에서도 생물의 세계는 그야말로 압권이다. 모든 생물 하나하나가 그렇듯이 우리가 잘 아는 딱따구리도 그저 언뜻 보기에는 평범해 보여도 사실은 이같이 놀라운 하나님의 창조를 증거하는 비밀을 갖고 있다. 여기 그 비밀을 공개해 보는 것도 흥미로운 일일 듯싶다.

딱따구리는 현재 지구상에 약 200여 종이 알려져 있는데 우리가 잘 알듯이 그 특유의 나무를 쪼는 솜씨로 유명한 새이다. 딱따구리는 보통 나무 밑동에서부터 나선 모양을 그리며 위로 올라가면서 나무를 쪼는데, 나무에서 떨어지지 않고 매달려 있을 수 있도록 갈고리 모양으

딱따구리는 나무에 거의 수직으로 달려있을 수 있다

로 생긴 특수 발톱과 받침대 역할을 할 수 있는 꽁지를 갖고 있다. 일단 나무에 매달린 채로 자리를 잡으면 먹이를 찾기 위하여 나무를 쪼아대는데 그 속도가 자그마치 1초에 약 15번을 쫀다고 하니 기관단총의 거의 두 배에 달하는 속도이다. 이를 위하여 딱따구리의 머리는 총알 속도 두 배 이상의 빠르기로 움직여야 하며이 머리를 갑자기 멈추기 위해서는 우주로 발사되는 로켓 안의 우주 비행사가 받는 힘의 250배에 달하는 스트레스를 또한 머리에 받는다고 하니, 나무를 한 번 쪼을 때마다 딱따구리의 머리가 부서져 날아가지 않고 남아 있는 게 신기하다.

그런데 이 같은 충격을 이겨내기 위해서 딱따구리는 부리와 머리뼈 사이에 이제까지 인류가 고안해 낸 그 어느 것보다도 우수한 충격 흡수 장치를 갖고 있으며, 동시에 나무를 쪼는 동안 머리를 흔들리지 않고 똑바로 유지할 수 있도록 고안된 특수 근육을 갖고 있어 매일 같이 수십 년 동안 나무를 쪼아 대어도 뇌진탕 한번 걸리지 않는 것이다.

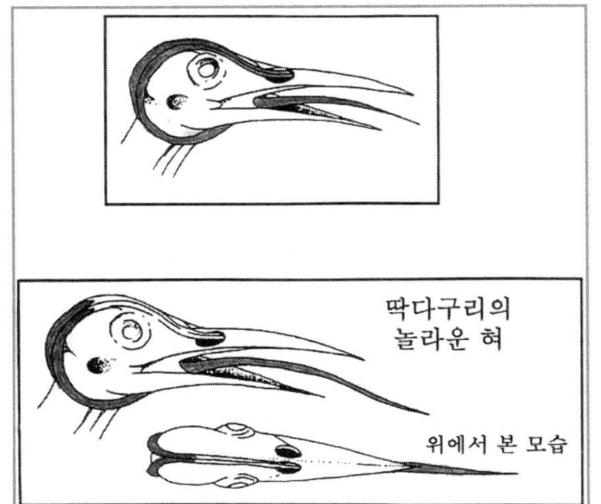

딱따구리의 긴 혀는 머리를 한 바퀴 돌아 오른쪽 콧구멍에 박혀 있다

Used with Permission from
〈www.AnswersInGenesis.org〉

그런가 하면 딱따구리의 부리는 그와 같은 충격을 이길 만큼 단단할 뿐만 아니라 부리 끝에는 끌 같은 부분이 있어 나무를 쉽게 쫄 수 있게 해 주며, 부리에 있는 콧구멍에는 보통 다른 새와는 달리 여닫이식 문이 달려 있어 나무를 쫄 때 생겨나는 톱밥으로부터 숨이 막히는 것을 방지할 수 있다. 일단 나무에 구멍을 내고 나면 이제 딱따구리는 긴 혀를 내밀어 벌레를 잡아먹는데 이 혀에는 끈끈한 액체가 발라져 있어 벌레들을 쉽게 잡을 수가 있다.

그런데 이와 같이 기다란 혀를 평상시에는 과연 어떻게 보관할 것인가? 가령 입 속에 돌돌 말아 갖고 있으면 어떨 것인가? 그러면 아마 소리를 내려고 할 때마다 긴 혀가 떨어져 나와 보기에 우스꽝스럽기도 하겠지만, 딱따구리의 입 속에는 실제로 그 혀를 넣어 둘 만한 공간이 없어 이 이야기는 현실성이 없다. 그러면 어떻게 할 것인가? 놀랍게도 딱따구리는 이 긴 혀를 부리 밑에 있는 작은 구멍을 통해 두개골 위로 돌려서 말아 가지고 있다가 필요할 때에만 이를 내밀어 사용한다고 한다.

자, 딱따구리는 과연 저절로 생겨났을까? 아니면 하나님께서 계획하여 만드셨을까? 딱따구리의 비밀들, 즉 머리의 충격 흡수 장치와 두개골 뒤에 감추어진 긴 혀는 하나님의 설계에 대한 강력한 증거이다. "하나님이 날개 있는 모든 새를 그 종류대로 창조하시니 하나님의 보시기에 좋았더라"(창 1:21)

우리 몸에 맹장도 필요한가?

한때 우리 몸에 있는 구조들 가운데 소위 흔적 기관이라고 불렸던 것들이 있다. 가령 맹장이나 편도선, 혹은 흉선이나 송과선 같은 구조들이 그 대표적인 예인데, 이것들은 진화론자에 의해서 마치 오랜 진화의 세월을 거치는 동안 이제 기능은 사라지고 단지 그 흔적만 남은 것처럼 사람들에게 소개되었다. 그들은 이를 근거로 사람이 마치 진화의 산물이라는 증거라도 있는 양 사람들을 속여 왔는데, 이 같은 흔적 기관이 한때 사람의 몸에 자그마치 180여 개나 되었다고 하니 놀라운 일이다.

그런데 오늘날 과학이 발전함에 따라 전에는 몰랐던 이들 흔적 기관이 갖고 있는 새로운 기능들이 점차 발견되기 시작하면서, 이제는 흔적 기관이라는 용어 자체가 우습게 들릴 정도로 더 이상의 남아있는

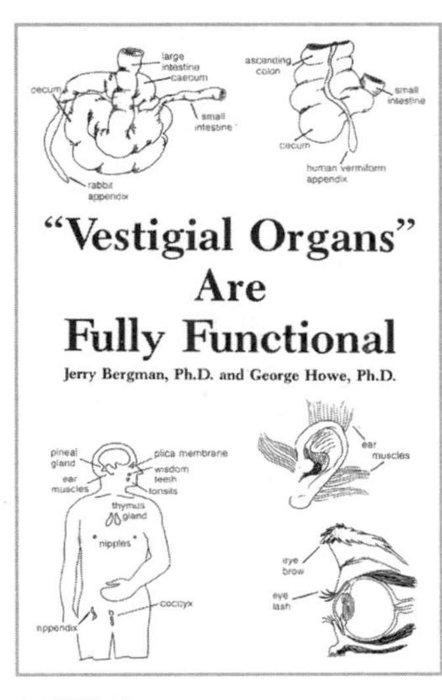

흔적 기관이 사실은 진화의 과정에서 쓸
모없이 퇴화되어 남은 것이 아니고 모두
그 고유한 기능들을 갖고 있음을 설명 해
주는 책의 표지

흔적 기관은 하나도 없게 되었다. 많은 흔적 기관들 가운데 우리에게 가장 친숙한 맹장을 예로 들어보자.

한때 맹장은 다른 흔적 기관과 마찬가지로 쓸모없는 기관으로 여겨졌으나, 이제는 맹장도 인체에서 매우 중요한 역할을 한다는 것이 알려지게 되었다. 맹장은 소장과 대장의 접경 지점에 위치하면서 인체의 면역 발달에 중요한 역할을 한다는 것이 밝혀졌는데, 특히 유아기에 인체가 필요로 하는 유익한 박테리아들이 대장 내에 자리 잡는 것을 조절하는 것으로 알려져 있다. 그 외에도 이들 박테리아가 만들어 내는 물질들이나 몸 안에 존재하는 여러 가지의 효소들, 혹은 어릴 적에 섭취하는 여러 음식물들에 대하여 면역 반응을 일으키지 않도록 조절하는 기능도 있는 것으로 여겨지고 있다. 그러면 우리 몸에서 이와 같이 중요한 역할을 하는 맹장을 떼어 낸다면 어떤 일이 벌어지게 될까? 글쎄, 주변의 적지 않은 사람들이 맹장 수술을 하고도 큰탈 없이 잘 살고 있는 것을 보면 적어도 아직까지는 그다지 치명적이지 않다고 할 수 있을 것이다. 그 이유는 아마도 다음 둘 중의 하나일 것이다. 첫째는, 맹장은 오직 유아기의 면역 발달에만 필요하고 성인이 되어서는 더 이상 그 기능이 필요치 않음으로 이를 제거하여도 아무런 지장이 없을 가능성이다. 그리고 둘째는, 맹장은 우리 몸의 내장 부위에 존재하는 림프 조직 체계의 한 부분으로써 설사 맹장이 제거되었다 할지라도 다른 림프 조직이 그 기능을 대체할 것이라는 가능성이다. 여하튼 이 같은 사실들로 미루어 보아 맹장은 우리 몸에 그 나름대로의 특별한 기능을 갖고 있음을 알 수 있는 바, 이것이 하나의 흔적 기관이라는 진화론자의 주장은 잘못이었음을 알 수 있다.

그 밖에도 소위 과거의 흔적 기관으로 알려졌던 다른 구조들도 그 기능이 모두 밝혀졌는데, 가령 흉선이나 편도선은 우리 몸의 면역을 담당하는 기관으로, 그리고 대뇌 중심부에 자리 잡고 있으며 오랫동안 그 기능을 몰랐던 송과선은 인체의 리듬과 수면에 중요한 역할을 하는 멜라토닌이라는 호르몬을 분비한다고 알려졌다. 우리의 지식은 불완전하다. 성경은 "만일 누구든지 무엇을 아는 줄로 생각하면 아직도 마땅히 알 것을 알지 못하는 것이요"(고전 8:2)라고 하였다. 진화론은 불완전한 지식에 근거한 헛된 철학이요, 우리의 마음을 노략하는 속임수이다(골 2:8). 그러므로 우리는 오직 그 안에 지혜와 지식의 모든 보화를 감추고 계신 그리스도안에 굳게 뿌리를 박음으로 세움을 입어(골 2:3,7) 참 진리를 놓치지 말아야 할 것이다.

비축소적 복잡성

생물이 우연히 생겨난 것인지 아니면 누군가에 의해 설계된 것인지를 가늠할 수 있는 한 가지 방법은, 생물체 내에서 다양한 기능을 수행하고 있는 여러 기관들이 각기 어떤 구조로 이루어져 있는지를 살펴보는 것이다. 쉬운 한 가지 예를 들어 보자. 가장 단순한 생명체의 하나인 박테리아 중 어떤 것들은 그 몸의 밖에 기다란 채찍처럼 생긴 소위 편모라고 불리는 구조를 갖고 있다. 박테리아는 마치 모터보트에 붙어 있는 발동기와도 같이 이것을 회전시켜 자신의 몸을 움직이게 하는 역할을 하는데, 이제 그 구조를 좀 더 자세히 들여다보기로 하자.

편모는 일종의 회전 기구인데 플라젤린(flagellin)이라고 부르는 단백질이 추진기(propeller) 역할을 한다. 추진기는 갈고리(hook) 역할

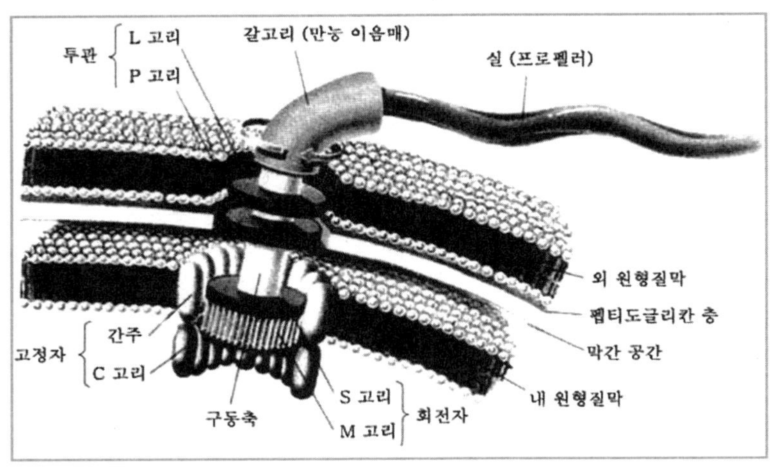

박테리아 편모의 구조

을 하는 다른 단백질에 의하여 구동축(drive shaft)에 붙어 있는데, 갈고리는 만능 이음새(universal joint)로 작용하여 추진기와 구동축이 자유롭게 회전하도록 도와준다. 구동축은 회전 발동기(rotary motor)에 붙어 있으며, 회전 발동기는 그것을 돌아가게 하기 위한 힘을 얻기 위하여 박테리아의 바깥에서 안쪽으로 들어오는 산(acid)의 흐름을 사용한다. 또한 구동축은 박테리아의 세포막을 뚫고 통과하여 박혀 있어야 하는데, 몇 가지 종류의 단백질이 그것을 가능하게 해 주는 투관 물질(bushing material)로 사용된다. 이제까지 유전학적 연구를 통해 밝혀진 사실은, 제대로 기능을 하는 하나의 편모를 만들기 위해서는 약 40여 개의 서로 다른 단백질이 필요하다는 것이다. 그런데 여기서 더 놀라운 사실은 이들 단백질 중의 일부가 없는 경우, 정상적인 편모의 절반 혹은 사분의 일 빠르기로 회전하는 편모를 얻게 되는 것이 아니라 아예 편모가 만들어지지 않거나 아니면 만들어져도 전혀 작동되지 않는 편모가 될 뿐이라는 것이다. 즉, 이 말은 하나의 편모가 제대로 작동하기 위해서는 몇 가지 서로 다른 단백질 부품을 동시에 필요로 한다는 말이다.

이와 같이 어떤 체계가 기본적인 기능에 기여하는 몇 개의 잘 짝 지워지고 상호 작용하는 부분들로 구성되어 그중의 어느 한 부분을 제거하면 효과적인 체계의 기능을 멈추게 하는 하나의 체계를 이룰 때, 우리는 그것을 가리켜 '비축소적 복잡성(irreducibly complex)'을 갖는다고 말한다. 좀 더 쉽게 말하면 비축소적 복잡성을 갖는 어떤 한 체계에 있어 서로 상호 작용하는 몇 개의 부품 중 어떤 하나가 빠지게 되면 그 체계가 더 이상 작동하지 않는 것을 의미하는데, 박테리아의 편모는 그 좋은 한 예이다.

생물의 몸을 구성하는 여러 기관이나 생물체 내에서 다양한 기능을 수행하는 여러 체계 가운데 비축소적 복잡성을 수 없이 발견한다는 사실은 그것들이 처음부터 한 자리에 그렇게 구성되도록 존재하지 않고는 불가능하다는 뜻이고, 이 말은 결국 생물은 설계되었다는 뜻이 된다. 진화론은 모든 생물이 오랜 세월 동안 우연의 연속으로 저절로 생겨났다고 가르친다. 그러나 박테리아의 몸에 길게 달려 있는 편모 하나조차도 우연으로는 만들어질 수 없음을 현대 과학은 증거하고 있다. 성경은 말한다. "창세로부터 그의 보이지 아니하는 것들 곧 그의 영원하신 능력과 신성이 그 만드신 만물에 분명히 보여 알게 되나니 그러므로 저희가 핑계치 못할지니라"(롬 1:20)

모래 위에 새겨진 글씨

우리가 어느 날 바닷가를 거닐다가 모래 위에 새겨진 다음과 같은 글씨를 마주쳤다고 가정해 보자. "영희는 철수를 사랑해!" 우리는 이내 사랑에 빠진 젊은 두 사람의 남녀를 머릿속에 떠올리며 이 글씨는 적어도 그들 중의 한 사람에 의하여 쓰였음을 쉽게 짐작할 수 있을 것이다. 비록 주변에 수많은 모래가 널려 있고 끊임없이 파도가 넘실거리지만, 어느 누구도 이 글씨가 오랜 세월에 걸친 파도의 움직임으로 저절로 쓰였다고는 생각하지 않을 것이다. 그것은 바로 우리가 이 글씨를 읽을 때에 그 속에 담겨 있는 정보를 전해 받기 때문에, 정보를 의도적으로 전해 줄 수 있는 지성체가 아니고는 이 글씨가 저절로 생겨날 수 없음을 경험적으로 잘 알기 때문이다.

그런데 사람을 비롯한 모든 생물의 세포 속에도 이와 같이 어떤 내

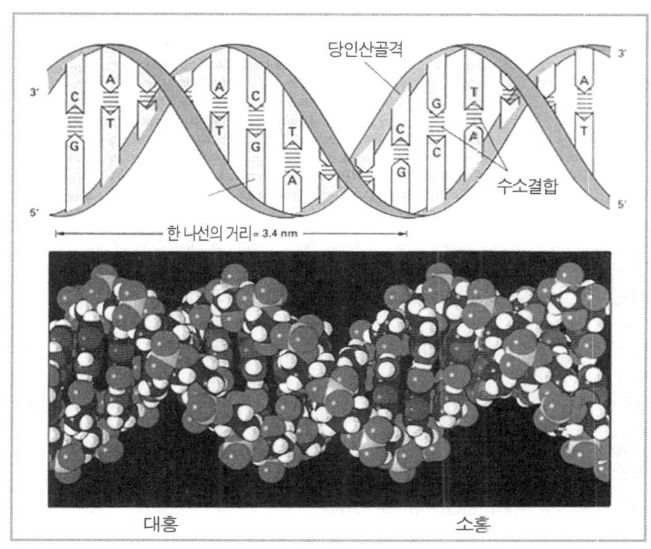

생명의 설계도라고 할 수 있는 DNA의 구조

용을 전하기 위하여 부호화된 정보가 마치 모래 위에 새겨진 글씨와도 같이 차곡차곡 쌓여져 들어가 있다는 사실을 아는가? 과학자들은 이 정보 전달 물질을 가리켜 DNA라고 부르는데, 이 DNA야 말로 생물의 모양과 성질을 만드는 데 필요한 모든 기본 정보를 담고 있는 일종의 설계 청사진과도 같다고 하겠다. 그렇다면 과연 이 DNA 속의 정보는 누가 집어넣은 것인가? 한 가지 분명한 사실은 정보는 그것을 주는 자 없이는 저절로 생겨날 수 없다는 것이다. 그러므로 우리의 세포 속에 우리의 모습을 세밀하게 설계한 자는 분명 고도의 지성을 갖춘 자이어야 할 것이다.

진화론은 생물체 속의 정보조차도 우연 발생의 산물로 본다. 이 진화론의 영향을 받아 외계 지성의 존재를 찾기 위해 노력하고 있는 소위 SETI 프로젝트에서는 매년 수천만 불의 거금을 투자해 가며 우주에서 날아오는 라디오 신호를 분석하고 있는데, 아이러니컬하게도 그들의 주장에 따르면 단 한 줄의 의미 있는 정보를 포착하기만 하여도 그것은 외계 지성체의 존재를 증명하는 것이라고 한다. 단 한 줄의 의미 있는 정보? 결국 그들은 우리 몸 안에 있는 엄청난 분량의 의미 있는 정보는 지성체의 도움 없이 우연히 생겨났다고 간주하면서, 우주에서 올지도 모르는 단 한 줄의 의미 있는 라디오 신호를 기다리며 그것으로 지성체의 존재를 증명할 수 있다고 믿고 있으니, 이것이야말로 스스로 지혜 있다 하나 우둔한 자의 모습이 아니겠는가(롬 1:22).

사실 우리 주변을 돌아보면 모래 위에 새겨진 글씨와도 같이 지성체의 존재를 암시하는 흔적을 수없이 많이 발견할 수 있다. 그러므로 만물을 연구해 보면 그 속에 정보를 입력해 놓으신 창조주의 존재를 분명히 깨닫게 될 것이므로 저희가 핑계치 못하게 될 것이라고 성경도 분명히 말하고 있지 않은가(롬 1:20). 시편 기자는 노래하기를 "하늘이 하나님의 영광을 선포하고 궁창이 그 손으로 하신 일을 나타내는도다 날은 날에게 말하고 밤은 밤에게 지식을 전하니 언어가 없고 들리는 소리가 없어도 그 말씀이 세계 끝까지 이르도다"(시 19:1-4)고 하였다. 할렐루야! "우리 주 하나님이여 영광과 존귀와 능력을 받으시는 것이 합당하오니 이는 주께서 만물을 지으신지라"(계 4:11)

믿어도 될 단백질 기원의 확률

생물체의 몸을 구성하고 있는 수많은 물질 중에서도 단백질은 가장 중요한 물질의 하나이다. 단백질은 생체 내에 그 역할이 매우 다양해서 콜라겐(collagen)이나 케라틴(keratin) 같이 우리 몸의 조직을 구성하는 데 사용되기도 하며, 인슐린이나 아드레날린 같은 호르몬으로 사용되는가 하면, 또한 효소로 사용되어 여러 가지 생체 반응이 일어나는 데 있어 없어서는 안 될 중요한 역할을 담당하고 있다. 단백질은 약 20여 종류가 되는 서로 다른 아미노산들이 길게 연결되어 만들어지는데 이들 아미노산들이 어떤 순서로 배열되는가에 따라서 특정한 단백질의 성질이 결정된다.

그러면 생물에게 있어 이렇게 중요한 단백질은 도대체 어디에서 생겨난 것일까? 생물의 우연 발생을 믿는 진화론자들의 주장에 의하면

전형적인 단백질의 3차원적 구조

먼 옛날 지구의 원시 바다 속에서 바로 이 단백질이 먼저 우연히 생겨남으로 지구상에 생명의 출현이 가능해졌다고 하는데, 과연 단백질이 이같이 우연히 만들어질 수 있는지 생각해 보기로 하자.

예를 들어 여기 400개의 아미노산으로 구성되어 있는 한 개의 단백질이 있다고 하면 이 단백질이 우연히 생겨나기 위해서는 20개의 아미노산 중에서 한 개를 고를 확률 1/20을 400번 곱한 값, 즉 $1/10^{520}$의 확률을 필요로 하게 된다. 한 계산에 의하면 스스로 복제가 가능한 가장 단순한 가상적인 생명체가 존재하기 위해서는 400개의 아미노산으로 구성된 이 같은 단백질이 적어도 124개는 있어야 한다고 한다. 그렇다면 이 같은 생물이 우연히 생겨나게 될 확률은 $1/10^{520}$을 다시 124번 곱한 값, 즉 $1/10^{64,480}$이 된다. 그런데 단백질을 구성하는 아미노산은 L과 D의 두 가지 다른 형태가 있는데 생물체를 구성하는 단백질 속에는 오로지 L 형태의 아미노산만이 존재하고 있다. 따라서 이제 앞서 우연히 생겨난 124개의 단백질이 동시에 모두 L형태의 아미노산을 갖춘 단백질이 될 확률은 $1/10^{78,616}$으로 계산된다. 생각해 보라. 숫자 10뒤에 영이 78,616개가 나오는 숫자의 크기를 말이다. 확률학자 에밀 보렐(Emil Borel)은 전 우주에 걸쳐 $1/10^{50}$보다 작은 확률은 결코 일어날 수 없는 것과 같다고 했다. 하물며 $1/10^{78,616}$의 확률은 오죽하겠

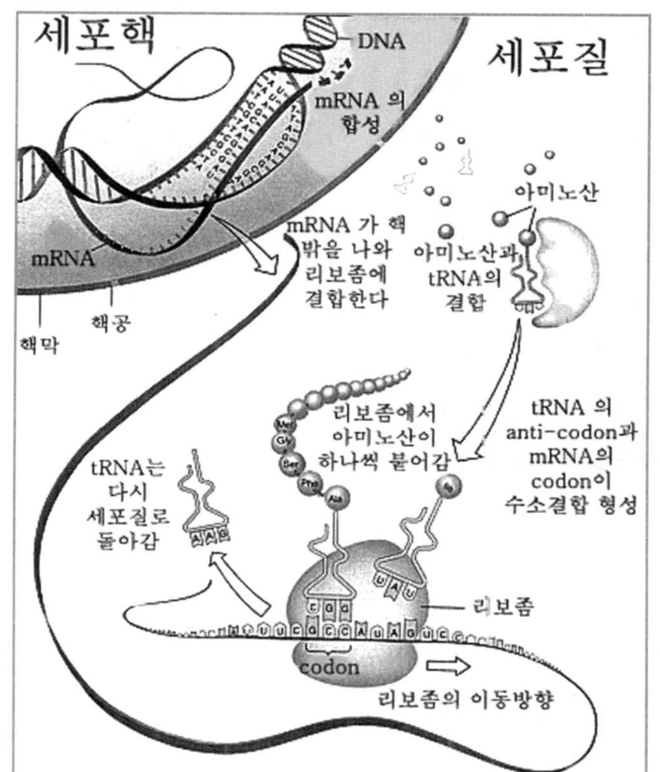

세포 내에서 일어나는 단백질 합성의 개략적인 모습

는가?

우리가 고속도로에서 차를 몰고 가다 사고로 심하게 다치거나 죽을 확률이 대략 1/200이라고 한다면 반대로 사고가 나서 심하게 다치거나 죽지 않을 확률은 199/200라는 이야기가 된다. 만약 반대로 사고가 날 확률이 199/200이라면 여러분은 차를 몰고 고속도로에 나갈 용기가 있겠는가? 아마 아무도 없을 것이다. 왜 그런가? 그것은 그만큼 199/200라는 이 확률이 우리에게 확신을 주는 숫자이기 때문이다. 같은 논리로 앞서 얘기한 단백질이 우연 발생할 확률이 $1/10^{78,616}$이라는 것은 그 단백질이 우연 발생하지 않을 확률은 $(10^{78,616}-1)/10^{78,616}$이라는 것인데, 이 확률은 199/200에 비하면 하늘만큼이나 큰 숫자이다. 그러므로 199/200를 믿을만하다고 판단한다면, 이 확률 $\{(10^{78,616}-1)/10^{78,616}\}$은 조금도 의심의 여지가 없는 절대적인 숫자가 되고 만다. 즉, 바꿔 말하면 단백질은 우연히 생겨난 것이 아니라 누군가에 의해 계획되었다는 사실을 이 확률은 강력히 시사해 주고 있는 것이다. 우리의 몸속에 생명의 열쇠가 되는 단백질을 계획하여 만드신 분, 그분은 도대체 누구일까? 성경에 그 답이 있다.

아주 오랜 시간 동안 우연히?

이 지구상에 존재하는 수많은 생물들이 어떤 초자연적인 힘의 개입이 없이도 과연 저절로 생겨날 수 있었을까? 생물이 지구상에 우연히 발생할 확률이 매우 적다는 것은 진화론자들도 잘 알고 있는 사실이다. 그러나 아주 오랜 시간이 흐른다면, 그것이 아무리 적은 확률이라고 할지라도 혹시 전에는 불가능했던 일이 이제는 가능한 일로 바뀌지는 않을까?

진화론자인 조오지 왈드(George Wald)는 바로 이 오랜 시간이야말로 생명의 우연 발생을 가능케 하는 진짜 주역으로, 진화의 기적을 일으킨다고 말하였다. 결국 진화론자들에게 있어서 오랜 시간은 기적을 일으킨다는 점에서 창조론자들이 믿는 하나님의 역할과 크게 다를 바가 없는 셈이다.

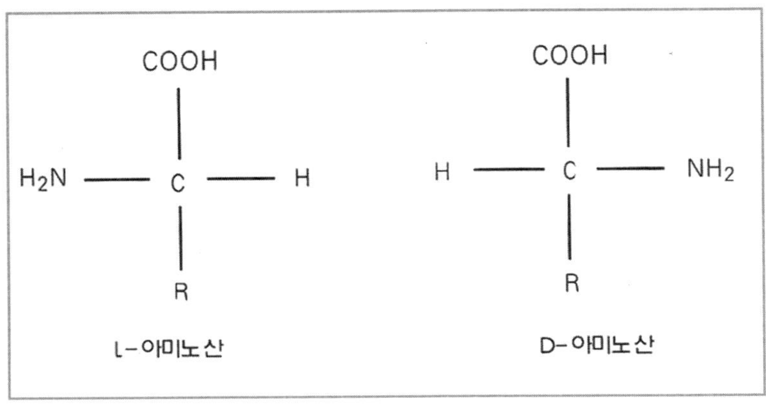

아미노산은 서로 거울을 마주보는 모습의 두 가지 이성질체가 존재하지만, 세포 안에서 발견되는 아미노산은 모두 한 가지 형태뿐이다

그런데 과연 오랜 시간이 주어지면 불가능한 일이 가능한 일로 바뀔 수 있는 것일까? 확률적으로 볼 때 시행을 많이 하면 할수록 어떤 사건이 일어날 가능성이 커지는 것은 사실이다. 가령 동전을 던져서 앞면이 한 번 나오면 상금을 주는 놀이가 있을 때, 오직 한 번 던져 보는 경우와 100번을 던져 보는 두 가지 방법이 있다면 누구나 당연히 100번을 던지는 방법을 택하지 않겠는가? 그러나 이것이 동전의 앞면이 나오는 경우가 아니고 생물이 우연 발생할 수 있느냐는 경우가 되면 문제는 크게 달라진다. 앞 장에서도 자세히 다루었던 것처럼, 어떤 생물체가 L형태의 아미노산 400개로 이루어진 단백질 124개를 그 몸에 갖고 있다면 이 생물의 몸을 구성하는 단백질이 우연히 발생할 확률은 $1/10^{78,616}$으로 계산된다. 이 같은 확률을 갖는 사건이 한 번 발생하기 위해서는 동전을 100번 던지는 정도가 아니라 그야말로 천문학

적 시간을 필요로 하는데, 얼마나 엄청난 시간이 요구되는지 그것은 진화론자도 받아들이기 어려운 시간이다. 그래서 유명한 진화론자인 오파린(Oparin)조차도, 오랜 시간이 지나면 생명 물질인 단백질이나 DNA가 우연 발생할 수 있다는 진화론자들의 주장은 정확하게 계산을 하였을 때 설득력 있는 뒷받침이 나오지 않는다는 자신의 의견을 피력한 바 있다.

뿐만 아니라 아무리 오랜 시간이 지나간다고 할지라도 될 수 있는 것이 있고 될 수 없는 것이 있다. 가령 돌이 황금으로, 혹은 모래가 컴퓨터 칩으로 바뀌는 일 따위는 아무리 무한정의 시간을 제공한다 할지라도 불가능하지 않겠는가? 앞서 이야기한 단백질의 합성도 그와 비슷하다. 즉, 아미노산은 효소의 도움이 없이는 과량의 물속에서 단백질을 합성하는 중합 반응을 일으키기가 열역학적으로 불가능하다. 오히려 시간이 지나면 지날수록 점점 더 단백질은 아미노산으로, 아미노산은 이를 구성하는 원자들로 분해되어 가는 것이 자연의 법칙인 것이다. 그렇다면 아무리 오랜 시간이 지난다고 할지라도, 지구의 바다 속에서 단백질이 우연히 생겨날 수 있다고 믿는 것은 그야말로 개구리가 어느 날 마법이 풀려 왕자님으로 변하는 것과 같은 동화 이야기를 믿는 것보다도 더 어려운 이야기가 아니겠는가?

결국 중요한 것은 오랜 시간이 아니라 선재된 지식이다. 우리가 공장에서 우리의 지식을 통하여 각종 문명의 이기들을 계획적으로 만들어 내듯 우리의 생명도 지식을 갖춘 어떤 초자연적인 존재에 의하여 만들어졌다고 믿는 것이, 단지 오랜 시간 동안 우연히 희미한 확률의

연속으로 생물이 생겨났다고 믿는 것보다 더 합리적인 과학적 결론이
아니겠는가?

방사선 시계는 과연 정확한가?

현대인에게 있어서 시계는 없어서는 안 될 필수품이다. 특히 도시에 사는 사람일수록 시계의 필요성은 절대적인데, 만약 우리가 그렇게 의지하는 시계가 정확하지 않아서 매일 느려졌다 빨라졌다 하는 것을 반복한다면 우리의 생활은 금세 뒤죽박죽이 되어 혼란 상태로 바뀌고 말 것이다.

그러나 그런 일이 우리 주변에서 일어나지 않고 있는 것을 보면 현재 우리가 사용하고 있는 시계는 대체로 신뢰할 만한 정확성을 갖고 있다고 말할 수 있다.

한편 우리가 오래된 지층이나 화석의 연대를 알고자 할 때에는 소위 방사선 시계라고 하는 방법을 이용하여 그 흘러간 시간을 측정한다. 몇 가지 방사선 시계가 있다. 그중에서도 탄소의 동위원소를 이용

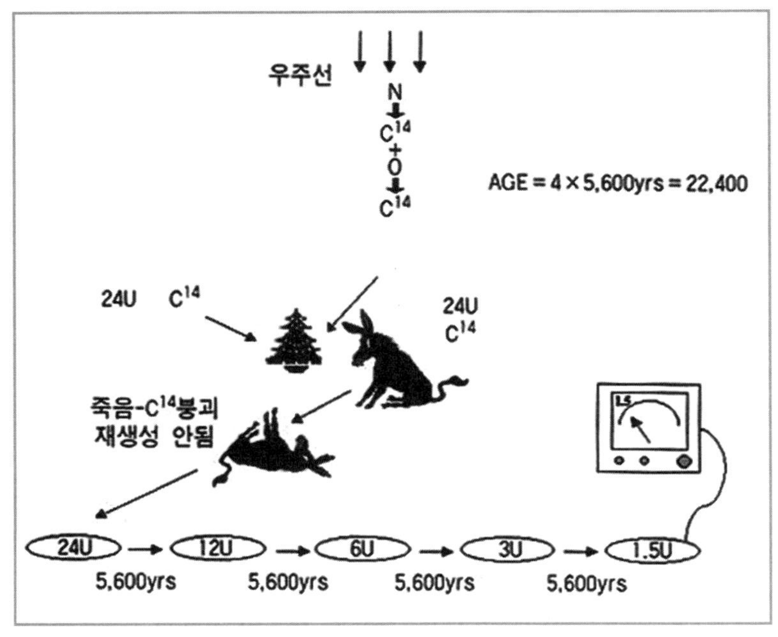

가장 많이 알려진 탄소 동위원소의 붕괴 과정을 보여 주는 그림

한 방사선 시계가 가장 잘 알려져 있는데 그 원리는 다음과 같다. 공기 가운데 있는 질소 중의 일부가 우주선의 작용으로 탄소 동위원소로 바뀌는 경우가 있다. 이 탄소 동위원소는 산소와 결합하여 이산화탄소로 되었다가 식물이 광합성을 할 때 그 구조 속에 들어가게 되고, 다시 이 식물을 동물이 먹을 때 동물의 몸속에도 축적이 되었다가 이 동식물이 죽어서 땅에 묻히면 이제 더 이상 이들 생물의 몸속에는 이 같은 탄소 동위원소가 축적되지 않고 오히려 붕괴되기 시작된다. 이때 만약에 탄소 동위원소의 붕괴 속도를 알면 이들 생물체의 몸속에 미처 붕괴되지

않고 현재까지 남아 있는 동위원소의 양을 잼으로써 이들이 죽은 시점
으로부터 현재까지 흘러온 시간을 알아낼 수가 있는 것이다.

그런데 과연 탄소 동위원소의 붕괴 속도는 과거나 현재나 변함없이
일정한 것인가? 면밀히 고찰된 과학적 자료에 의하면, 방사능 동위원
소의 붕괴 속도는 대기 중의 고에너지 입자나 혹은 주위 환경의 물리
적 압력이나 화학적 변화에 의하여도 얼마든지 바뀔 수 있다는 것이
다. 그렇다면 과거의 어느 시점에서는 시계가 빨리 갔다가 또 다른 어
느 때에는 시계가 느리게 간 적이 있을 수 있다는 말이므로 이 같은 시
계라면 우리가 믿고 사용하기에는 부적합하다는 이야기가 된다. 실제
로 이 같은 탄소 동위원소 시계를 이용하여 살아 있는 달팽이의 껍질
을 조사해 본 결과 그 나이는 2,300년이었으며, 새로이 자라난 나뭇가
지의 나이가 10,000년으로 나오는 등 오차가 매우 심하여 그 결과를
받아들이기 매우 어려움을 알 수 있다. 뿐만 아니라 이 시계가 제대로
작동하기 위해서는 과거와 현재에 걸쳐 공기 중의 질소의 양이나 생물
의 몸속에 축적되는 탄소 동위원소의 양이 일정하다는 가정이 있어야
만 하는데, 이에 대한 확증된 실험적 증거는 없다.

결국 방사선 시계는 생각은 좋았으나 그 이론의 많은 중요한 부분
들이 증명되지 않은 가정에 의존해야만 하는 한계를 가지고 있으므로,
우리에게 그 결과에 대한 신뢰성을 주지는 못한다. 정확하지 못한 그
래서 항상 지각이나 하게 만드는 그런 시계를 누가 믿고 사겠는가? 그
런데 진화론자들은 바로 이같이 부정확하여 믿기 어려운 방사선 시계
를 근거로 하여 지구의 나이가 수십억 년이나 되었고 주장하고 있으

며, 동시에 학교에서는 이같이 연속적인 가정을 토대로 세워진 이론이
마치 과학적으로 증명이라도 된 것처럼 일방적으로 교육되고 있으니
큰 문제이다. 그러나 성경을 믿는 우리 하나님의 자녀들은 부디 깨어
나서 사람의 궤술에 밀려 요동치지 말아야 할 것이다(엡 4:14).

유인원 화석의 진실

누구나 적어도 한 번쯤은 자연사 박물관에 전시되어 있는 인류 진화의 계통도를 본 적이 있을 것이다. 온몸에 털이 북실하고 네 발로 걷는 원숭이의 모습에서 점차 상반신을 일으켜 세워 직립 보행을 하며, 몸에는 짐승의 털 대신 문명의 흔적인 가죽옷을 걸친 유인원을 지나, 마침내는 오늘날의 우리와 모습이 같은 현대인으로 진화해 가는 과정을 하나의 계통도를 만들어 아주 그럴싸하게 사실처럼 보여 주고 있다. 그러나 과연 인류가 원숭이로부터 진화해 온 것이 사실일까? 박물관에 전시될 만큼 충분한 화석의 증거라도 정말 있다는 말인가? 진화론자들이 인류의 조상이라고 주장하는 많은 유인원의 화석들 중에서 교과서에도 실린 대표적인 화석 몇 개를 예로 들어 유인원의 화석에 대한 진실을 살펴보기로 하자.

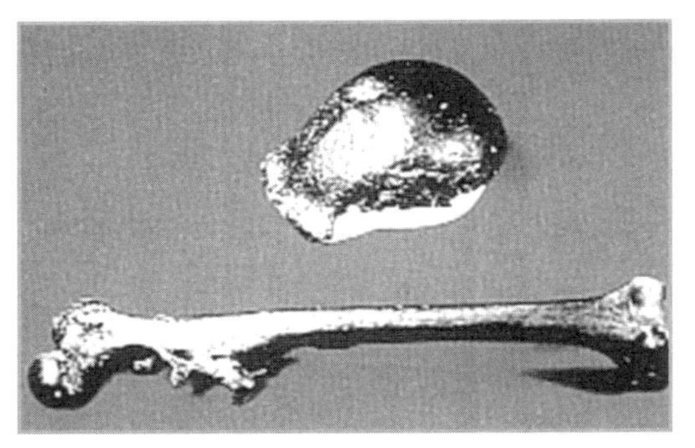

자바 원인이라고 알려진 유인원 화석(실제 발견된 뼈와 두개골 파편)

가) 먼저 최초로 직립 보행을 했다고 추측되는 유명한 '자바 원인'에 대하여 알아보자. 1891년 당시 네덜란드의 군의관이었던 유진 드보아(Eugene Duvois)는 열렬한 진화론자로써 인도네시아의 자바 섬에 근무를 하고 있었는데, 어느 날 우연히 섬의 한 곳에서 유인원의 화석으로 추정되는 동물의 두개골 덮개와 한 개의 넓적다리뼈, 그리고 몇 개의 이빨을 1년의 간격을 두고 약 15미터가 떨어진 두 개의 지점에서 각각 발견하고는 이를 '자바 원인'이란 이름으로 세상에 발표하였다. 이는 곧 사람들에게 소위 최초의 직립 원인이라고 기억되기 시작하였고, 오늘날까지도 교과서와 박물관의 전시를 통하여 계속해서 그렇게 가르쳐지고 있다. 그러나 이 자바 원인은 처음 학계에 발표될 때부터 그 정확한 정체에 관하여 학자들 간에 서로 의견이 분분했던 화석이다. 심지어는 이를 발견한 유진 드보아 자신조차도 나중에 이 화석은 사실은 긴팔원숭이의 것이라고 자신의 처음 발표를 부인할 정도였으니 그 출처의 부정확성을 십분 이해하고도 남을 것이다.

나) 그런가 하면 1922년 미국에서는 해롤드 쿡(Harold Cook)이라는 지질학자가 소위 '네브래스카인'이라는 유인원 화석을 발표하여

유명해졌는데, 그가 인류 진화의 증거라고 제시한 화석의 실체는 단지 이빨 한 개가 전부였다. 그나마 이 이빨조차도 나중에 이것이 유인원의 이빨이 아니라 사실은 당시에 멸종된 멧돼지의 이빨인 것으로 판정이 나고 말았다. 그런데 더욱 기가 막힌 사실은 이 이빨 한 개로 꾸민 가상의 유인원 증거가, 1925년 미국 테네시 주에서 열렸던 유명한 스콥스 재판—일명, 원숭이 재판—에서 진화론자들로 하여금 마치 진화론이 과학적으로 증거가 있는 양 여론의 방향을 움직이게 하는 데 큰 영향을 미쳤다는 것이다.

화가의 상상력으로 그려진 자바 원인의 모습

다) 자, 가장 잘 알려진 그래서 교과서에도 그럴싸한 상상도와 함께 버젓이 실려 있는 유인원의 화석이 사실은 부서진 두개골의 일부와 다리 한 쪽, 혹은 이빨 한 개가 그 전부였다는 사실은 무엇을 의미하는가? 그리고 그나마 있는 그 화석도 모두가 완전한 원숭이거나 혹은 도저히 인류가 진화했다고 보기에는 어려운 멧돼지로 진실이 밝혀질 때는 우리는 무어라고 말해야 하는가? 이것들을 마치 인류 진화의 과학적 증거라도 되는 양 무비판적으로 받아들이고 가르치는 오늘날 학교 교육의 현실에 대해 우리는 또한 어떻게 더처해야 하는가?

미국에서 발견된 네브라스카인의 상상도(실제로 발견된 것은 어금니 이빨 한 개가 전부이다)

라) 한 번 잘못 주입된 사상은 쉽게 고쳐지지 않는다. 일단 우리의 머리 속에 어떤 고정관념이 형성되면, 그것들을 새로운 사실들로 바로 잡기까지 매우 오랜 시간이 걸리며 그 동안에 잘못된 가정으로 말미암아 많은 부작용을 낳기도 한다. 진화론은 이를 뒷받침할 만한 어떤 과학적 증거도 없으면서도, 마치 증명된 과학적 사실인 것처럼 사람들에게 잘못 인식됨으로 하나의 고정관념으로 사람들의 머릿속에 자리잡아 버렸다. 과학자들도 비록 객관적인 진리를 연구한다고는 하지만, 기원에 관한 문제를 다루는 데 있어서는 여전히 그들이 갖고 있는 주관적

인 편견의 영향을 배제하기가 쉽지 않은 것이 사실이다. 그 결과 어떤 사실에 대한 무리한 해석을 통해 진실을 왜곡시키거나 심지어는 없는 사실을 조작해 내기까지 하는 폐단이 생겨나기도 하는데, 바로 인류의 진화에 대한 화석적 증거를 찾는 과정에서 그 단적인 예를 찾아볼 수 있다.

네안데르탈인은 1800년대 말에 독일의 뒤쎌도르프 지방에 있는 네안데르탈 계곡의 한 동굴에서 처음 발견되었는데 두개골과 몸의 뼈가 비교적 온전하게 남아 있어 쉽사리 사람의 것으로 판정할 수 있었지만, 한 가지 등이 굽어 있다는 이유로 유인원의 화석으로 해석되었다. 그러나 나중에 그 뼈를 정밀 조사해 본 결과 비타민 D가 결핍된 곱추병 환자이었음을 알게 되었는데, 오랜 동굴 생활과 부족한 영양으로 이 같은 병이 생긴 것으로 추정되었다. 결국 완전한 사람의 화석을 잘못된 고정관념으로 인하여 유인원의 화석으로 바꾸고 말았던 것이다.

그런가 하면 1912년 영국의 의사이며 아마추어 고생물 학자였던 차알스 도오손(Charles Dawson)은 유인원의 턱뼈와 두개골의 일부를 영국의 필트다운 근처에서 발견하여 '필트다운인' 이란 이름으로 세상에 발표하였는데, 나중에 사람들이 새로이 개발된 불소연대 측정법으로 그 뼈의 나이를 측정하여 본 결과 처음에 생각했던 것처럼 그렇게 나이가 오래되지 않았음을 이상히 여기고 다시금 정밀 조사를 하여 본 끝에 놀랍게도 그것이 사기였음을 알게 되었다. 즉, 원숭이의 턱뼈를 가지고 거기에 붙어 있는 이빨들과 뼈를 연장으로 다듬어 원숭이와 사람의 중간 것으로 보이게 한 다음, 사람의 두개골과 합하여 놓고 거기에 화학 약품을 처리함으로 마치 오래된 것처럼 보이게 위장을 하였던 것이다. 결국 이 사건은 과학사의 어두운 한 페이지를 장식하는 치욕적인 사기극으로 역사에 길이 남게 되고 말았다.

왜 이런 일들이 벌어지고 만 것일까? 그것은 바로 진화론의 고정관념에 물든 일단의 과학자들이 인류 진화의 화석 증거를 찾기 위하여 수많은 노력을 행했음에도 불구하고 이렇다 할 증거를 찾지 못하자, 급기야는 진리를 왜곡시켰거나 아니면 없는 것을 조작하기에까지 이르렀기 때문인 것이다. 진화론은 잘못된 사상이다. 진짜 유인원의 화석이란 지구상에 단 한 점도 존재하지 않는다. 거짓 철학은 우리로 하여금 진리를 떠나게 만든다. 그러나 성경은 우리에게 다음과 같이 일깨워 준다. "누가 철학과 헛된 속임수로 너희를 노략할까 주의하라 이것이 사람의 유전과 세상의 초등학문을 좇음이요 그리스도를 좇음이 아니니라"(골 2:8)

〈시카고 공룡 축제〉를 다녀와서

아이들에게 공룡은 정말 인기가 많다. 아니 사실은 표현을 안 해서 그렇지 어른들도 공룡을 좋아하기는 마찬가지인 것 같다. 이제는 이미 영화사에 하나의 고전이 되어버린 스티븐 스필버그(Steven Spielberg) 감독의 "쥬라기 공원"의 대성공은 물론이거니와, 최근(2001년 1월) 시카고의 네이비 피어에서 열렸던 〈시카고 공룡 축제(Dinofest at Chicago)〉가 대성황을 이루며 막을 내린 것은 어쩌면 그런 점에서 당연한 일일지도 모른다. 필자는 시카고에 거주할 당시 초등학교 1, 2학년에 재학 중이던 두 아이들의 손을 잡고 네이비 피어를 다녀온 적이 있다.

세계에서 가장 많은 공룡의 모형과 화석을 한자리에 모았다는 선전에 걸맞게 이번 전시는 과연 17만 평방피트나 되는 대형 전시장을, 실

성경 욥기에 기록된 '꼬리가 백향목 흔들리는 것' 같은 짐승은 아마도 공룡이었을 것이다

제로 공룡이 눈앞에 살아 나와서 움직이기라도 하듯이 실감나게 제작
한 공룡의 모형들뿐만 아니라 현장에서 실제로 발굴한 각종 공룡의 화
석과 공룡 알의 화석, 공룡의 발자국 화석 등등으로 가득 채우고 있었
다. 저렇게 많은 공룡들이 한때 이 지구상에 살고 있었다는 사실이 쉽
게 믿겨지지 않을 만큼 엄청나게 많은 공룡의 화석들이 지구 곳곳에서

발견되고 있음을 이번 전시회를 통해 더욱 분명히 볼 수 있었다. 그렇게 거대한 몸집의 공룡들이 과연 어떻게 이 지구상에 존재할 수 있었을까? 그리고 그들은 지금 어디로 사라지고 없는 것일까? 예상했던 대로 이해를 돕기 위해 마련된 모든 설명난에는, 공룡은 중생대에 가장 번성했던 생물로써 지상에 포유류가 출현하기 이전에 당시 진화의 가장 첨단을 걷고 있던 생물로 설명되고 있었다. 즉, 시기적으로 보면 약 2억 년 전에 지구상에 출현하였다가 약 6,500만 년 전에 소위 소혹성(asteroid)이 지구와 충돌할 때 멸종하였다는 이론이 현재 학자들 간에 가장 유력한 설로써 받아들여지고 있다는 것이었다. 이유 없이 좋아하며 아빠의 손을 이리저리 잡아당기는 아이들을 뒤따라 다니면서, 필자는 '과연 공룡에 대한 진실을 바로 알고 있는 사람이 이 많은 관람객 가운데 몇 명이나 될까?' 하는 안타까운 생각이 들었다.

공룡은 과연 진화되었을까? 아니, 진화론은 많은 문제점으로 인해 이제 진화라고 하는 그 근본 발상부터가 심각한 도전을 받고 있음은 이 분야에 조금만 관심이 있는 사람이라면 이미 주지하는 바일 터이니, 질문을 바꿔 보자. 공룡도 하나님께서 창조하셨을까? 우선 정답부터 말하면 "그렇습니다."이다. 성경은 창세기에서 하나님께서 모든 생물을 6일 만에 창조하시고 그중 특히 제5일째에는 바다와 공중의 생물을, 그리고 제6일째에는 땅의 생물을 창조하셨다고 기록하고 있으므로 필경 공룡도 그때 창조되었음이 분명하다(공룡은 땅에만 살았던 게 아니라 바다와 공중에도 살았다). 뿐만 아니라 구약성경의 욥기에는 바로 오늘날 우리가 화석으로 발견하는 공룡의 모습을 묘사는 기록이 있어, 당시 욥이 공룡과 같이 살고 있었음을 간접적으로 증거하고 있다. 참고로 욥기에 기록된 이 동물의 본래 단어는 비히모스(behemoth)로써 큰 동물을 가리키는 말인데 성경이 영어로 처음 번역된 1600년 경은 아직 공룡이란 말이 만들어지기 전이어서—공룡이란 말은 1840년에 처음 사용—하마로 잘못 번역을 한 것이다. 욥기에 나타난 이 기록이 사실이라면 공룡이 진화되었다고 믿는 사람들에게는 큰 문제가 되지 않을 수 없다. 왜냐하면 그들의 주장에 의하면 공룡은 6,500만 년 전에 멸망한 반면, 사람은 약 200만 년 전에야 비로소 이 땅에 모습을 나타내게 되었기 때문이다. 즉, 거기에는 적어도 6,300만 년이나 되는 엄청난 세월의 간격이 있는데 어떻게 욥이 살아있는 공룡을 볼 수가 있겠는가? 분명히 성경에 보면 욥은 그 생물의 꼬리치는 것이 마치 백향목 흔들리는 것과도 같다고 생생히 기록하지 않았는가?

그런데 더욱 흥미로운 것은 성경의 욥뿐만 아니라 과거 이 땅에 살며 동굴 생활을 했던 많은 사람들이 세계의 여러 곳에 남겨 놓은 동굴 벽화 가운데 실제로 공룡의 그림이 발견된다는 사실이다. 미국 아리조나 주의 하바수파이(Havasupai Canyon)에서 발견된 한 바위에는 티라노시우스(Tyranosaurus)로 보이는 공룡의 모습이 그려져 있고, 유타 주의 천연교각유적지(Natural Bridges National Monuments)에서는 긴 목과 긴 꼬리를 분명히 볼 수 있는 브론트시우스(Brontosaurus) 같은 모습의 공룡 그림이 발견된다. 그런가 하면 같은 유타 주의 '샌 라파엘(San Rafael Swell)'이라는 장소에서는 하늘을 날아다니는 익룡의 그림이 발견되었으며, 페루의 나즈카 평원에서는 트라이쎄라톱스(Triceratops)와 티라노사우르스(Tyrannosaurus)의 모습이 새겨진 화산암 돌들이 또한 발견되었는데, 이들 그림들은 모두 전문가들에 의하여 결코 현대의 모조품이 아닌 그야말로 오랜 세월 동안 산화되어 부식되었을 뿐만 아니라 이끼가 자란 상태로 보아 그 오래된 정도를 인정받은 것들이다. 이 같은 사실들은 그야말로 사람이 공룡과 이미 같은 시대에 살고 있었음을 보여 주는 명백한 증거가 아니겠는가? 그러면 이제 그 많던 공룡들이 모두 어디로 사라진 것인지 생각해 보기로 하자. 여기서 우리는 또 한 번 성경에서 힌트를 얻을 수 있는데, 성경은 창세기에서 분명히 과거에 이 지구상에 있었던 엄청난 대사건 하나를 상세히 기록하고 있다. 그것은 두말할 것도 없이 바로 노아의 홍수 사건이고, 이 사건은 지구상의 환경을 완전히 바꿔 놓고 말았다. 홍수 이전의 대기는 궁창 위를 덮고 있던 물로 말미암아(창 1:7) 온 지구가 따뜻한 아열대성 기후였지만, 홍수 이후에는 추위과 더위가 지역과 계절에 따라 다르게 나타나게 되었다(창 8:22). 따라서 과거 홍수 이전의 아열대 기후는 거대한 몸집을 가진 공룡들이 살기에 최적의 환경을 제공하여 주었지만, 홍수 이후 갑작스럽게 바뀐 환경은 온도나 식량면에서 거대한 몸집의 공룡이 살기에는 적합하지 않았을 것이므로 그들은 서서히 지구상에서 사라져 갔을 것이다. 이것이 사실이라면, 오늘날조차도 만약 어딘가에 환경이 적합하여 공룡이 살 수 있는 장소가 있다면 그곳에서 설사 공룡이 발견된다 하더라도 어쩌면 그렇게 놀랄 일이 아닐 것이다. 반면에 6,500만 년 전 공룡의 멸종을 믿는 진화론자들에게는 이 같은 발견은 치명적 놀라움이 되고 말 것이다. 그런데 유명한 스코틀랜드의 네스 호에 산다는 괴물은 차치하고라도, 아프리카 콩고의 원주민들이 목격한 소위 모켈레-멤베(mokele-mbembe)라는 동물이나 최근 파푸아뉴기니의 *The Independent* 신문(1999년 12월 30일자)에 보도된 기사에서처럼 그곳의 원주민들과 선교사에 의해 목격된 동물은 영락 없는 공룡의 모습이다. 진화론자들에게 더욱 충격적인 것은, 아직 채 화석화되지 않아 그 속에 적혈구까지 분해되지 않고 남아 있는 공룡의 뼈가 발견되었다는 것이다(*Earth*, 1997년 6월호: 다음 장에 자세히 소개되어 있음). 이 모든 사실들은 어쩌면 가장 최근까지도 공룡이 사람과 함께 살아 있었으며, 지구상의 어딘가 사람의 발길이 잘 닿지 않는 곳에서는 지금까지도 공룡이 생존해 있을지도 모른다는 생각을 충분히 가능하게 한다.

집으로 돌아오는 길에 차 안에서 아이들에게 물었다. "어떤 공룡이 제일 좋았니?" "트라이쎄라톱스요!" "스테고사우르스요!" "아니, 이구아노돈이요!" 아이들은 신이 났다. 그러나 앞으로 차츰 성장해 가면서 아이들이 이 공룡을 어떻게 이해하게 될지 생각하니 걱정이 앞섰다. 학교에서 공룡에 관한 진실을 아이들에게 전해 주리라고 기대하기는 어려운 일이고, 박물관을 가도 TV나 영화를 봐도 도서관에 나와 있는 공룡에 관한 책을 봐도 도대체 모두가 같은 이야기뿐이니 말이다. 공룡은 6,500만 년 전에 멸종되고 그 뒤로 포유류가 진화되어 그 가운데 우리 같은 사람이 나왔다는…. 그렇다면 하나님의 말씀과 우주만물의 참된 진리가 선포되고 가르쳐지는 교회는 어떤가? 공룡의 진짜 이야기를 하나님의 자녀인 우리 아이들에게 바로 전달하고 있는가? 아이들에게 "공룡은 누가 만들었지?" 하고 또 물어 보았다. "하나님이요!" 모든 아이들의 입에서 똑같은 대답이 나오기를, 그리고 어른이 되어서도 그 대답이 변치 않기를 소망하며 오늘도 창조과학 사역에 매진한다.

공룡의 피가 발견되었다?

아직 화석이 되지 않은 공룡의 피가 발견된다면 진
화론적 교육을 받은 대부분의 사람들은 놀라움을 금치 못할 것이다.
왜냐하면 진화론에 의하면 공룡은 약 6,500만 년 전에 멸종하였고, 따
라서 그 오랜 세월 동안 공룡의 피가 없어지지 않고 남아 있을 수 있다
는 것은 마치 기적과도 같은 일이기 때문이다.

그런데 실제로 이와 같은 기적이 일어나고 말았다. 최근에 발행된
*Creation ex nihilo*지(vol.19, No.4, 1997)의 기사에 의하면, 몬태나주
립대학의 한 연구진이 최근 아직 채 화석화되지 않은 공룡의 다리뼈
속에서 적혈구 세포로 보이는 일련의 세포들을 혈관 구조와 함께 발견
하였다는 것이다. 그리고 같은 내용의 기사가 1997년 미국국립과학회
지 *PNAS*(vol.94, pp. 6,291-6,296)에도 소개된 바 있다. 공룡의 뼈가

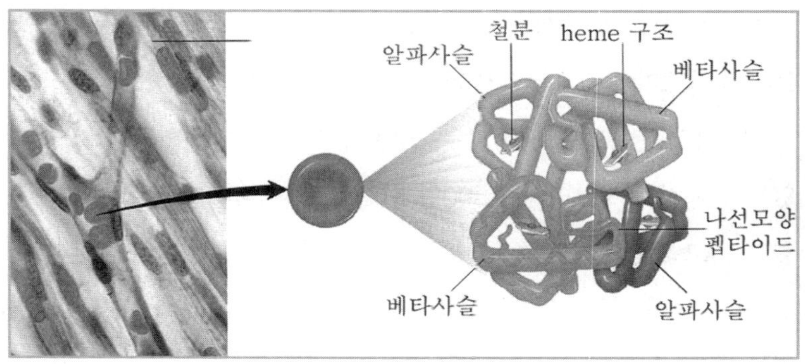

혈관 내의 적혈구와 그 안에서 산소와 결합하여 붉은 색을 띠는 헤모글로빈 분자의 구조

아직 화석이 되지 않은 채로 남아 있다는 것도 놀라운 일인데 그 속에서 적혈구 세포까지 아직 그 형태를 잃지 않고 남아 있는 사실은 더욱 우리를 놀라게 한다.

이 화석을 조사한 과학자들이 이것을 공룡의 적혈구 세포라고 믿는 이유는 다음과 같다. 첫째, 적혈구는 헤모글로빈(hemoglobin)이란 단백질을 갖고 있어 보통 붉은 갈색을 띠는데, 공룡에서 채취한 이 세포도 같은 색을 띠고 있었다. 둘째, 헤모글로빈 속에는 철분과 결합하는 '힘(heme)'이라고 불리는 구조가 있는데, 공룡 조직 표본에 레이저 광선을 조사하였을 때 이 힘에서만 나타나는 화학적 특징을 발견하였다. 셋째, 자기장을 표본에 걸었을 때 힘 속의 철분 때문에 나타나는 특별한 반응이 나타났다. 넷째, 공룡 표본이 힘 구조를 갖는 어떤 종류의 박테리아에 의하여 오염되었을 가능성을 시험하기 위하여 표본의 추출물을 쥐에게 주입한 결과, 헤모글로빈 단백질에 대한 항체가 형성되었는데 박테리아에서는 헤모글로빈이 발견되지 않으므로 이는 공룡 표본이 박테리아에 오염되지 않았음을 보여 준다.

자, 이것은 무엇을 말해 주는가? 어떻게 공룡의 적혈구와 그 속에 있는 단백질이 자그마치 6,500만 년 동안을 지나오면서도 그 형체를 잃지 않고 지금까지 보존될 수 있단 말인가? 이것이야말로 지금까지 진화론자들이 터무니없이 지구의 연대를 늘려 온 사실에 반대하는 힘 있는 증거 중의 하나가 아니겠는가? 성경적으로 보면 공룡도 하나님의 피조물로써 인류와 같은 시대를 살다가 노아의 홍수 이후 변화된 환경 기후에 적응을 못하고 서서히 멸종해 간 것으로 간주된다. 따라서 비교적 최근까지도 공룡이 살아 있었을 가능성이 매우 높으며, 그렇다면 아직 분해되지 않은 공룡의 적혈구와 그 속에 있는 단백질을 발견한다고 하여도 사실은 조금도 놀랄 일이 못되는 것이다. 지금까지 발견된 과학적 사실이나 법칙들이 과연 진화론을 뒷받침하는지 혹은 하나님의 창조 사실을 더 뒷받침하는지 우리 모두 심각하게 재검토해 보아야 되지 않을까? 타협이 없는 올바른 신앙의 정립을 위해서도, 그리고 하나님께 영광을 돌리는 올바른 과학의 참모습을 세우기 위해서도 말이다.

공룡도 하나님께서 창조하셨습니다!

여러 가지 공룡이 알려져 있지만, 그중에서도 티라노사우르스는 크고도 날카로운 이빨을 갖고 있어 육식을 했던 것으로 생각된다. 티라노사우르스는 20피트의 키에 약 7톤의 몸무게를 지녔고, 이빨의 길이만도 7인치나 되었으며, 한 번 걸을 때마다 24인치나 되는 발자국을 남겼다고 하니, 다른 동물들에게 티라노사우르스는 가히 공포의 대상이 될 만하였을 것이다. 그런데 성경에 의하면 공룡도 하나님의 피조물로써 제6일째에 창조되었는데, 그렇다면 하나님께서 티라노사우르스를 창조하셨을 때 에덴동산의 다른 생물들은 어찌 되었을까? 모두가 도망가기 바쁘지 않았을까?

성경에 의하면 한 사람 아담으로 인하여 이 땅에 죄가 들어오고 그로 말미암아 사망이 이르렀다고(롬 5:12) 한다. 또한 그로 말미암아 피조물이 함께 탄식하며 함께 고통을 받는다고(롬 8:22) 말하고 있다. 따라서 하나님께서 에덴동산을 처음 창조하셨을 때에는 죄가 아직 들어오기 전이므로 동물들도 서로를 잡아먹지 않았을 것이 분명하다. 성경에 보면 하나님께서 그들을 창조하셨을 때 그들에게 땅에서 나는 모든 푸른 풀을 먹이로 주심으로(창 1:30), 처음에는 모든 동물들이 초식을 하였음을 알 수 있다. 오늘날 우리가 보는 것과 같은 육식 동물들은 아담의 범죄 이후 어떤 변화에 의하여 초식성에서 육식성으로 성질이 바뀐 것 같다. 그렇다면 육식 동물들이 갖고 있는 날카로운 이빨은 원래 무엇을 위한 것이었을까? 흥미로운 사실은 오늘날 날카로운 이빨을 갖고 있는 동물들 중에는 육식이 아니라 초식을 하는 동물도 있다는 것이다. 고릴라나 열매 박쥐, 그리고 팬더 같은 동물들은 아주 날카로운 이빨을 갖고 있음에도 불구하고, 그 이빨을 열매의 껍질이나 대나무 같이 단단한 식물을 물어뜯는 데 사용하고 있다. 이 같은 사실은 아담이 범죄하기 이전의 에덴동산에서는 비록 날카로운 이빨을 갖고 있는 동물이라 할지라도 성경의 기록처럼 초식을 하였음을 시사한다.

한편 최근의 연구에 의하면, 티라노사우르스는 우리가 생각했던 것과는 달리 다른 동물을 공격하지 못하고 대신 이미 죽은 동물들을 먹어치우는 일종의 청소부 같은 역할을 했다고 한다. 왜냐하면 몸의 구조상 티라노사우르스는 빨리 달릴 수가 없어 도망가는 다른 동물을 쫓아가 잡을 만큼 몸이 날렵하지 않았으며, 그 날카로운 이빨도 사실은 매우 뿌리가 약해서 스테고사우르스(Stegosaurus) 같은 공룡을 잘못 공격하다가는 이빨이 뽑힐 가능성이 있기 때문이다. 어찌 되었든 티라노사우르스 같은 육식성 공룡도 하나님께서 처음 창조하셨을 당시에는 다른 동물들과 마찬가지로 초식을 하였음이 분명하다. 사실 머리나 등판에 뿔이 달려 위협감을 주는 트라이쎄라톱스나 스테고사우르스 같은 공룡을 비롯하여, 대부분의 공룡은 초식을 하였다고 알려져 있다.

그렇다. 하나님께서는 본래 공룡을 비롯한 모든 동물을 순한 양같이 창조하셨다. 지금은 비록 아담의 죄로 말미암아 함께 고통을 받아 일부 동물이 육식성을 갖게 되었지만, 주님이 다스릴 그 나라가 되면 다시금 이리가 어린 양과 함께 거하며 사자가 소처럼 풀을 먹게 될 것이다(사 11: 6-7).

제 5 장 진화론의 영향과 그 영적인 의미

"진화론이란 어디 멀리 있는 나하고는
아무 상관도 없는 이론이 아니다.
바로 우리의 행동에 지대한 영향을 주는
이 사회의 보이지 않는 암적 존재인 것이다.
그러므로 크리스천들이여, 일어나자!
우리는 모두 하나님의 은혜 아래
아름답게 창조된 피조물인 것을 세상에 외치자."

하나님을 향한 전쟁 선포

사람을 비롯한 우주의 모든 만물이 오랜 세월 동안 우연히 생겨났다고 가르치는 진화론은 사실 어떤 확고한 과학적 증거 위에 서 있는 것이 아니라, 다만 수많은 가정을 토대로 하여 세워진 증명되지 않은 이론에 불과하다. 그러므로 진화론은 그것을 믿는 사람들이 공통으로 갖고 있는 하나의 신념으로써 마치 하나의 종교와도 같다고 할 수 있다.

진화론에 따르면 사람은 원숭이로부터 진화되었는데 지금도 우리는 진화의 과정에 있는 미완성의 단계이므로 언젠가 사람이 계속 진화를 거듭하면 더욱 고등한 어떤 존재로 바뀌게 될 것이라고 한다. 진화론을 주장하는 과학자들은 이 존재에 대해서 침묵을 하고 있지만, 진화론을 자기들의 이론에 과학적인 근거로 이용하고 있는 오늘날 소위

진화론에 따르면 인간은 계속 진화하여 또 다른 어떤 존재가 될 것이다

뉴 에이저들의 주장에 의하면 인간이 진화를 거듭하면 바로 신이 될수 있다고 한다. 결국 과학이라는 이름으로 위장되어 있지만 진화론이지향하는 최종의 목적은 바로 인간이 스스로 신이 되겠다는 것으로,이것이야말로 오랫동안 인간을 속여 온 진화론의 진짜 정체인 것이다.

성경을 보면 사탄은 에덴동산에서 사람을 처음 유혹할 때부터 '너희가 하나님과 같이 되리라' (창 3:1-5)는 거짓 유혹으로 인류를 타락시켰다. 그 후 오랜 역사를 거치면서 사탄은 끊임없이 인간을 유혹하여 하나님을 반대하는 여러 가지 다른 형태의 이론을 만들어 왔는데,진화론도 그중의 하나로써 결국 인간이 스스로 모든 것을 결정하겠다는 하나님을 대항한 인간의 전쟁 선포와도 같은 것이다. 구약에 보면

뉴 에이지 사상에 의하면 우리 모두가 하나님이 될
수 있다고 한다

하나님께서는 이스라엘 백성들이 가나안에 들어갈 때에 우상을 섬기는 모든 이방 종교를 멀리 하라고 하셨는데, 그들이 이 명령을 잘 지키지 못하여 끊임없이 어려움을 겪어야만 했던 사실이 잘 나타나 있다. 오늘날 우리 시대에도 많은 이방 종교들이 주변에서 우리를 유혹하고 있다. 진화론도 비록 과학의 이름을 떡고 있지만 그 본질은 우리를 유혹하는 또 하나의 이방 종교에 지나지 않는다.

말세가 되면 거짓 선지자가 많이 일어나 사람들을 미혹할 텐데(마 24:11), 신앙이 어린아이와 같이 자라지 못한 성도들은 사람이 지어낸 진화론 같은 거짓 궤술과 간사한 유혹에 빠져 신앙이 이리저리 흔들릴 것이다(엡 4:14). 그러나 하나님에 대한 믿음과 그분을 아는 지식이 하나가 되어 우리가 온전한 사람을 이루면, 우리도 그리스도처럼 흔들리지 않는 강한 믿음을 소유하게 될 것이다(엡 4:13).

진화론의 사회적 증상들

진화론에 따르면 사람을 포함한 모든 우주 만물은 저절로 우연히 생겨났다고 한다. 따라서 이 우주에는 우리가 따라야 할 절대적인 법칙이 없고 모든 것은 상대적일 뿐이라는 것이다.

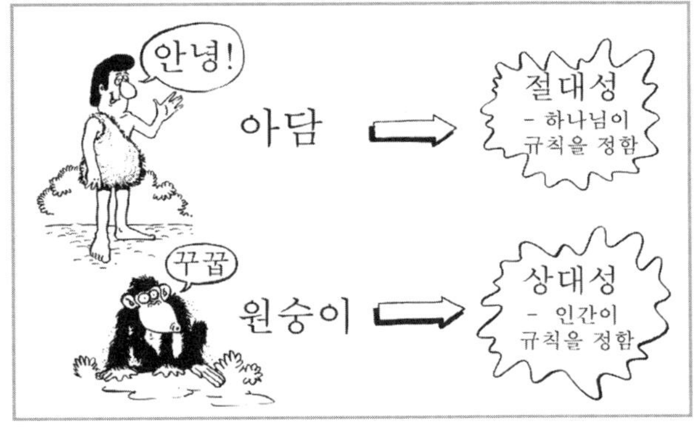

인간의 기원이 어디에서 시작되었느냐에 따라 모든 삶의 양상이 다르게 나타날 수 있다

Used with Permission from 〈www.Answers-InGenesis.org〉

성경이 말하는 하나님의 창조 사실을 부인하고 이와 같은 진화론적 주장을 받아들이게 되면 모든 가치의 기준이 상대화되고 도덕적 판단이 상황에 따라 변하게 되며, 결국 인간이 어떤 행동을 하여도 그것을 그르다 할 절대적 근거를 잃어버리게 된다. 이같이 도덕적 가치가 상실되면 사회에서는 인간의 생명에 대한 존엄성이 약해지고, 강자가 약자를 지배하는 힘의 논

독일의 히틀러는 진화론자 헥켈에 영향을 받아 유태인 학살을 합리화하였다

리가 정당화되기 쉽다. 과거에 진화론을 신봉하여 인종적 편견을 가지고 있던 독일의 히틀러(Hitler)가 수많은 유태인을 대량 학살했던 것이나 오늘날 하루에도 수천 건에 달하는 낙태가 성행하고 있는 것은 바로 이와 같은 진화론의 사회적 영향이 여실히 드러난 예가 될 것이다.

뿐만 아니라 인간을 영혼이 없는 한낱 동물로 격하시키고 우주의 먼지와도 같은 외로운 존재로 만들어버린 진화론의 영향으로 오늘날 삶의 참 목적과 의미를 잃어버린 많은 사람들은 쉽게 허무주의로 빠져들게 된다. 점차 마약 사용자가 증가하고 기존의 가족 개념을 무너뜨리는 쾌락주의적 동성애가 늘어나며 또한 요즘 어린 십대들 사이에서

1997년 미국에서 있었던 집단 자살 사건을 표지로 냈던 *Newsweek*

이유 없는 자살이 증가하고 있는 것은 바로 이 같은 허무주의적 증상이 나타난 예들이다. 그런가 하면 영혼의 공허함을 메우기 위하여 점점 많은 수의 사람들이 뉴 에이지와 같은 신비 종교에 빠져들고, 급기야는 1997년에 미국 캘리포니아 주에서 있었던 '천국의 문' 사건과 같은 집단 자살 소동을 일으키기도 하는데, 이 같은 일들은 모두가 진화론의 영향을 받아 나타나는 병적인 사회적 증상들인 것이다.

성경은 우리에게는 우리를 창조하신 창조주가 계시며, 우리는 그분을 영화롭게 하기 위하여 창조되었고 한다. 그분이 우리가 마땅히 지켜야 할 법도를 정하시고, 우리의 도덕과 삶의 가치를 결정하신다. 우리는 이 땅에 우연히 생겨난 덧없는 존재가 아니고, 한 사람 한 사람이 천하보다 귀하게 창조된 가치 있는 존재이다. 그러므로 성경적 세계관을 갖고 있는 우리 그리스도인들은 하나님을 본받아 인간을 외모로 취하지 아니하고(롬 2:11), 우리의 몸을 하나님이 기뻐하시는 일을 위하여 사용하며(롬 12:1), 오직 사랑에 빚진 자로서(롬 13:8) 살아가는 것이다.

사탄의 사영리

한때 한국에서 불신자들을 전도할 때 사영리라는 소책자를 가지고 전도하는 방법이 널리 쓰인 적이 있다. 이 책은 바로 C.C.C. 즉 대학생 선교회라는 선교 단체에서 만들어 낸 것으로, 우리의 죄로 말미암아 단절되었던 하나님과의 관계가 예수 그리스도를 나의 구세주로 영접함으로 회복될 수 있다는 구원의 교리를 누구나 알기 쉽도록 간결하게 요약하여 소개함으로써 많은 불신자들을 주께로 돌아오게 하는 데 효과적으로 사용되었다.

그런데 거짓의 아비인 사탄은(요 8:44) 이미 오래 전에 바로 이 사영리의 효능을 알고, 이를 거짓말로 슬쩍 바꾸어 만든 자신의 사영리를 가지고 인류를 현혹시켰던 것이다. 그것은 사탄이 에덴동산에서 하나님께서 만드신 최초의 사람 아담과 하와를 유혹할 때부터 사용되었

미국 AiG(Answers in Genesis) 회장으로
있는 켄 햄의 책 표지

다. 사탄은 하와에게 네 가지 거짓말—첫째 너희가 결코 죽지 아니 하리라(창 3:4), 둘째 너희 눈이 밝아지리라, 셋째 너희가 하나님과 같이 되리라, 넷째 너희가 선악을 알리라(창 3:5)—을 가지고 인류를 하나님과 멀어지게 만들었다. 이것이야 말로 가히 사탄의 사영리라고 불러도 될 만큼 그 효과가 매우 커서, 이를 가지고 최초의 인류를 타락시키는 데 성공한 사탄은 그 후에도 계속해서 아담 이후에 따라오는 수많은 인류를 역시 동일한 수법을 가지고 타락시켜 왔다.

비록 이것이 오랜 인류의 역사를 거치면서 시대에 따라 혹은 국가에 따라 서로 다른 모습으로 나타났지만 그 뿌리는 항상 에덴동산의 사탄의 사영리에 두고 있다. 첫째 '너희가 결코 죽지 아니 하리라' 는 윤회론으로 모습을 바꾸었고, 둘째 '너희 눈이 밝아 지리라' 하는 것은 인간의 지식만으로 유토피아를 누릴 수 있다는 환상과 함께 밀교주의나 초월 명상과 같은 행위를 통하여 신비한 힘과의 접촉을 시도하게 만들었다. 그리고 셋째 '너희가 하나님과 같이 되리라' 는 거짓말은 신은 어디에나 있다는 범신론을 잉태하여 인간의 잠재력을 이용하면 우리 모두가 스스로 신이 될 수 있다고 유혹하며, 넷째 '너희가 선악을 알리라' 는 거짓말은 상황 윤리로 이어져 우리의 도덕적 판단을 흐리게 만들고야 말았다. 그런데 16세기에 들어서면서부터 서양에서는 근대 과학이 태동함에 따라 인간의 이성을 통한 합리주의가 고개를 들기 시작하면서부터 사탄의 거짓말도 소위 미신으로 몰려 사라지는 듯싶었다. 그러나 사탄은 교묘하게도 19세기에 들어서 과학의 탈로 위장한 또 하나의 작품인 진화론을 가지고 사람들을 현혹하기 시작하였는데, 이미 과학이 주는 편리함에 빠져 있던 사람들은 과학의 이름으로 다가오는 사탄의 사영리 앞에 또 다시 자신의 영혼을 팔아 버리기 시작한 것이다.

깨어 근신할 때이다. 우리의 대적 마귀가—사탄의 사영리를 가지고— 우는 사자와 같이 두루 다니며 삼킬 자를 찾고 있으나(벧전 5:8), 우리는 오직 주님께서 하셨듯이 기록된 말씀을 가지고 사탄의 시험을 물리쳐야 하겠다(마 4:4, 7, 10).

오타벵가의 비극

만약에 우리가 사는 근처의 어느 동물원에서 진화가 아직 덜 된 어떤 사람을 전시한다는 광고가 났다면 이에 대한 우리의 반응은 어떨까? "뭐? 동물원에서 사람을 전시해? 그것 참 흥미롭겠군." "진화가 아직 덜 되었다니 무척 재미있을 거야." 혹시 이런 반응은 아닐까?

그런데 불행하게도 이 같은 일이 실제로 미국에서 있었다. 1904년 미국의 세인트 루이스에서는 만국 박람회가 열리고 있었는데, 이곳의 한쪽에서는 아프리카에서 강제로 데리고 온 몇 명의 흑인 피그미 족들이 '진화가 덜 된 이상한 사람들'이라는 딱지가 붙은 채로 전시되고 있었다. 그중에 '오타벵가'라는 이름을 가진 23살의 젊은 흑인 청년이 있었다. 그도 당시 저명한 아프리카 탐험가였던 사무엘 베르너

아프리카 콩고에서 미국으로 끌려와 젊은 나이에 스스로 목숨을 끊은 오타벵가라는 청년의 모습

Used with Permission from
〈www.AnswersInGenesis.org〉

(Samuel Verner)라는 사람에 의하여 그의 고향 아프리카 콩고로부터 붙잡혀 와 이곳에서 함께 전시되고 있었다. 그 후 세인트 루이스 만국 박람회가 끝나고 오타벵가는 뉴욕에 있는 브롱크스(Bronx) 동물원에 팔려 가게 되었고, 이곳에서 그는 그만 원숭이 우리 안에 그를 위하여 특별히 마련된 전시실에 갇히는 신세가 되고 말았다. 이 소문을 듣고 많은 사람들이 그를 보기 위하여 동물원에 줄을 섰고, 시간이 지남에 따라 오타벵가는 구경꾼들의 야유와 장난에 싫증을 느끼기 시작하면서 처음 미국에 잡혀 왔을 때와는 달리 점차 성질이 사나와져 갔다. 이 같은 동물원측의 비인간적인 행위에 반대하는 항의자들이 늘어감에 따라 어쩔 수 없이 동물원측에서는 오타벵가를 풀어 주게 되었고, 그 후 오타벵가는 버지니아의 린츠버그에 있는 어느 담배 공장에서 한동안 일하게 되지만, 이미 동물원에서 너무나도 깊은 상처를 받은 그는 줄곧 외로움과 우울증, 그리고 사람들에 대한 강한 적대감으로 괴로워하다가 1916년 끝내 자살을 함으로 짧은 인생을 마치고 말았다. 이때 그의 나이 35세로 미국

으로 잡혀온 지 12년이 지난 후의 일이었다.

과연 무엇이 오타벵가를 원숭이 우리 안에 갇히게 하였을까? 그의 피부가 검기 때문에? 그가 피그미 족으로서 체격이 왜소했기 때문에? 아니다. 그것은 당시 사람들이 갖고 있던 잘못된 진화론적 세계관 때문이었다. 하나님께서는 인류의 모든 족속을 한 혈통으로 만드셨다고 (행 17:26) 성경은 분명히 말하고 있는데도, 원숭이를 우리의 조상으로 가르치는 진화론을 받아들이면 이 같은 인종차별 의식을 쉽게 가질 수 있다. 뿐만 아니라 하나님께서 주신 육체의 유전적 다양성을 이해하지 못하고 그것에 마치 우등하고 열등한 것이라도 있는 양 사람들의 신체 일부분을 가지고 서로 놀려대는 일도 쉽게 할 수 있게 된다.

진화론이란 어디 멀리 있는, 나하고는 아무 상관도 없는 이론이 아니다. 바로 우리의 행동에 지대한 영향을 주는 이 사회의 보이지 않는 암적 존재인 것이다. 그러므로 크리스천들이여 일어나자! 우리는 모두 하나님의 은혜 아래 아름답게 창조된 피조물인 것을 세상에 외치자. 지구상에 있는 모든 사람들이 사랑을 나누어야 할 형제자매임을 세상이 알 수 있도록, 우리가 먼저 모두에게 사랑에 빚진 자로 살자(롬 13:8).

우생학의 부활?

두 청춘 남녀가 사랑에 빠진다. 그리고 두 사람은 많은 사람의 축복 속에 결혼식을 올리고 신혼여행을 떠난다. 그리고 얼마 후 두 사람 사이에는 새로운 생명이 태어난다. 여기까지는 대부분의 사람들이 겪게 되는 전형적인 이야기로 별반 새로울 것이 없다. 그런데 이렇게 해서 태어난 아기가 이제 성장하여 사회의 일원이 되었을 때, 자기가 원하는 직업을 갖지 못하고 소위 열등 인간으로 낙인이 찍힌 채 평생 살아가게 된다면 문제는 달라진다.

바로 이와 비슷한 이야기가 1998년에 개봉했던 "가타카(Gattaca)"란 영화 속에서 그려졌다. 멀지 않은 미래의 이야기라는 서두로 시작되는 이 영화에는 눈부시게 발전한 유전공학 기술에 의하여 실험실에서 인위적으로 원하는 형질을 골라 만들어진 유전적으로 우수한 사람

1998년에 개봉되어 화제가 되었던 영화 "가타카"의 포스터

들에 대하여, 자연적인 방법으로 출생한 소위 열등한 사람들이 받는 사회적 차별이 묘사되어 있어 보는 이로 하여금 유전공학적 미래에 대한 놀라움과 두려움을 동시에 갖게 한다. 그런데 영화 속에서 묘사하고 있는 이 같은 유전 인자에 근거한 사회적 차별은 사실 이미 오래 전에 독일의 나치가 꿈꾸었던 우생학 정신의 부활인 셈이다. 우생학은 본래 프랜시스 갈톤(Francis Galton)이 주창한 이론인데, 그는 다윈과는 사촌 지간으로 다윈의 진화론에 크게 영향을 받았음은 두말할 것도 없다. 역시 진화론의 열렬한 신봉자였던 히틀러는 이 우생학을 자연스럽게 받아들이고 독일 민족을 정화한다는 명목으로, 유태인들에게 유전적으로 열등하다는 딱지를 붙인 후 그들을 대량으로 학살하였던 것이다.

한편 미국에서도 백인종의 인종적 순결을 유지한다는 기치 아래 사회적으로 어려운 위치에 있는 사람들, 즉 정신병자나 걸인, 마약 중독자나 간질 환자, 그리고 심지어는 시각·후각 장애인들을 마구 데려다가 강제로 영구 불임 수술을 시킨 적이 있다. 이 같은 일들은 해리 라플린(Harry Laughlin)이라는 한 진화론자의 영향을 받은 법령에 의하여 시행되었는데, 1920년대 이 법이 처음 시작한 이래로 매년 수천 명의 사람들이 자신의 의지와는 상관없이 강제로 끌려가 수술대 위에 놓이게 되었고, 2차대전 이후 나치의 잔학상이 알려지면서 점차 여론의 비판을 받아 슬그머니 사라지기까지 약 7만 명의 무고한 사람들이 이 같은 억울함을 당해야 했다는 기록이 있다. 이 법령을 만드는 데 크게 공헌을 하였던 라플린은 독일 나치 정부에 의해서 명예박사 학위까지 받을 정도로 그의 우생학 이론이 높이 평가되었지만, 아이러니컬하게도 말년에 이르러 그 자신이 간질에 걸려서 결국 자기 스스로를 열등하다고 등급을 매기게 된 셈이 되었을 뿐만 아니라, 이로 인하여 같은 우생학을 주장하는 동료들로부터 따돌림을 받게 되는 운명이 되고 말았다.

우생학이란 애당초 인종 간에 고등과 열등이 존재한다는 진화론적 개념에 기초한 그 출발부터가 잘못된 이론이다. 앞서 우생학자들이 열등하다고 보았던 사람들은 사실 의학적으로 혹은 사회적으로 치유가 가능한 사람들이지 결코 이 사회가 제거해 버려야 하는 그런 사람들이 아닌 것이다. 성경은 오히려 우리에게 약한 이들의 짐을 나눔으로 그리스도의 법을 성취하라고 가르치고 있다(롬 15:1; 갈 6:2). 그것은 유전공학 시대에도 여전히 변함이 없는 진리인 것이다.

인간 복제의 가능성과 우리의 선택

이 글은 필자가 1998년 3월 9일 미주 한국일보에 기고한 글인데, 지금 다시 읽어도 유익한 내용을 담고 있어 여기 소개한다. 당시 시카고의 리차드 시드(Richard Seed)라는 과학자가 18개월 만에 복제 인간을 만들겠다고 큰소리쳐서 화제가 된 적이 있으나, 현실화되지 못하였다. 2002년에는 이단 종교 단체인 '라엘리안 무브먼트' 가 역시 복제 인간을 만들었다고 언론에 보도하였으나 공개적인 과학적 검증을 거부하고 있어 거짓일 가능성이 매우 높다고 보고 있다.

오늘날 눈부시게 발전하는 과학기술은 단지 우리의 생활을 편리하게 만들어 줄 뿐만 아니라 우리 삶의 밑바닥을 흐르는 근본 가치관까지도 변화시켜 가고 있다. 새로운 기술은 우리에게 새로운 선택을 요구하고 있으며, 선택의 결과에 따라 가치의 척도도

복제 양 돌리를 특집으로 다룬 *TIME* (1997. 3.10)의 표지

바뀌기 된다. 어찌 보면 세대 간의 갈등이란, 바로 이와 같은 기술의 발전에 따라 우리에게 필연적으로 요구된 그 기술과 그것의 사용에 대한 세대 간의 선택의 차이로 인하여 생겨나는 것일지도 모른다. 그렇다면 지금의 우리에게 있어서 가장 요구되는 이 같은 기술의 발전에 따른 선택은 무엇일까? 미국에서 발행하는 세계적으로 권위 있는 과학 전문지 *Science* 는 1997년도 연말 특집호에서 그해의 가장 중요한 과학적 업적으로 1997년 2월 영국의 스코틀랜드에서 성공한 양의 복제를 선정하였다. 동물의 복제는 오래 전부터 생물학자들 사이에 관심의 대상이 되어 온 흥미 있는 분야의 하나인데 이번에 성공한 양의 복제는 사상 초유로 성숙한 양의 체세포로부터 완전한 기관을 갖춘 새로운 양을 만들어 냄으로써 생물학 발전의 획기적인 장을 여는 아주 중요한 실험으로 평가받고 있다. 본래 우리 몸을 구성하는 체세포는 하나의 수정란으로부터 분화되어 나온 것으로써 몸의 어느 부위에서 채취를 하든지 간에 모두가 동일한 유전 정보를 담고 있다. 그러나 체세포는 몸의 각 부위에 흩어져서 그곳에서 특별한 기능을 수행하기 위하여 분화가 되어 있는 까닭에, 이들 세포로부터 조직을 갖춘 새로운 개체를 만들어 낸다는 것은 매우 어려운 일이거나 아니면 생물학적으로 불가능한 일일지도 모

른다고 생각되어 왔다. 하지만 영국의 과학자들이 체세포로부터 양을 복제하는 데 성공을 함으로써 분화된 체세포라 할지라도 조건만 맞으면 또다시 새로운 개체로 자랄 수 있음을 증명하게 되었다.

그런데 바로 이 같은 양을 복제할 수 있는 기술의 존재로 말미암아 이제 우리는 또 하나의 선택을 해야 하는 기로에 서게 된 것이다. 그것은 바로 우리, 즉 사람을 복제할 것인가 말 것인가 하는 것이다. 사람을 복제한다는 것은 그 기술적 어려움에도 불구하고 일부 공상과학 작가들에 의하여 소설로 혹은 영화로 간헐적으로 소개되어져 왔는데, 알더스 헉슬리(Aldous Huxley)의 책 『놀라운 신세계(*Brave New World*)』나 1976년에 소개된 "브라질에서 온 소년들(*Boys From Brazil*)" 같은 영화가 대표적인 예이다. 과연 이들 작가들이 상상했던, 사람을 복제한다는 그런 꿈 같은—그것이 좋은 꿈이든 나쁜 꿈이든—일이 우리 시대에 현실로 나타나게 될 것인가? 우리 인류의 손 안에 그 같은 기술이 정말로 들어 있단 말인가? 그런데 최근 1998년 1월 6일에 시카고의 한 과학자는 앞으로 18개월 내에 사람 복제를 실현시키겠다고 공언하고 나섬으로 우리를 놀라게 하였다. 그가 사용하게 될 기술은 바로 영국에서 양을 복제하는 데 사용할 체세포 핵 치환 방법인데, 과연 이 방법을 사람에게 적용하였을 경우에도 똑같은 성공을 거둘 수 있을까? 실험을 해 보기 전에는 어느 누구도 자신 있게 장담할 수 없다(그러나 최근 2004년 2월 13일 날짜로 한국의 황우석 교수팀은 사람의 체세포를 핵치환 방법으로 사람의 난자에 이식하며 줄기세포 배양에 성공하였음을 발표함으로 결국 복제 인간도 실현 가능함을 실제로 보여 주었다). 그러나 많은 경우에 있어 동물 실험의 성공은 사람의 경우에도 성공을 가져왔다. 따라서 그 가능성은 과거의 어느 때보다도 높다고 할 수 있는데 그럼에도 불구하고 여기에는 윤리적 문제를 수반하여 먼저 해결해야 할 기술적 문제도 아직 많이 남아 있다.

여기에서 1997년 당시 영국의 과학자들이 *Nature*라는 과학 잡지에 발표한 실험 결과의 내용을 조금 자서히 살펴보기로 하자. 그들은 우선 6년생 된 암양의 유방에서 채취한 우선-상피세포를 핵이 제거된 미수정란에 융합시키는 방법으로 복제를 시도하였는데 이 과정에서 다른 태아 세포를 사용하여 실험을 하였을 경우와 비교하여 상대적으로 낮은 63.8퍼센트의 융합 성공률을 보이고 있다. 그 다음으로 이렇게 하여 만든 2백 77개의 융합 세포들 가운데서 자궁 내에 이식이 가능한 단계인 상실기 배아로까지 인공 배양하는 과정에서 성공적으로 배양된 세포의 수는 불과 29개로 다시 그 수가 많이 줄어들었다. 이제 이 29개의 배아를 13마리의 암양 자궁에서 나누어 이식한 결과 그중에서 한 마리가 성공적으로 살아있는 새끼 양을 분만하게 된 것이다. 결국 한 마리의 복제 양이 태어나기 위한 성공률은 이 경우에 약 0.2퍼센트로, 적어도 5백 개의 체세포와 그와 같은 수의 미수정란이 있어야만 한 마리의 복제 양을 얻을 수 있다는 계산이 된다.

여기서 또 한 가지 고려해야 할 점은 영국의 과학자들이 복제를 위하여 사용한 유선-상피세포들 중에는 상대적으로 덜 분화가 된 소위 줄기세포—Stem Cell: 생물의 몸 안에서 분화된 조직의 세포를 보충하거나 재생시키는 역할을 하는 일종의 백업(Back-Up) 세포들을 가

TIME (1997. 3. 10)에 실린 인간 복제의 풍자 그림

리킴— 들이 일부 섞여 있을 수 있다는 가능성이다. 만약 이번에 성공한 복제 양이 이들 줄기세포로부터 유전자를 제공받았다면 한 단계 더 분화가 이루어진 체세포로부터의 복제는 확률상 더욱 어렵게 될 것으로 예상되는데 현재로서는 그 확률이 어느 정도인지 알 방법이 없다.

이 같은 사실은 영국의 과학자들이 양을 복제하는 데 사용했던 기술이 비록 획기적인 방법이긴 하지만, 대량 복제의 실현을 위해서는 아직도 극복해야 할 과제가 많이 남아 있음을 알려 준다. 더군다나 이와 똑같은 방법을 아직 한 번도 시행해 본 일이 없는 사람의 체세포를 가지고 행하였을 때, 과연 사람이 복제될 수 있을지 혹은 된다 하더라도 얼마나 많은 시행 끝에 성공할지 현재로서는 상당한 의문이다(물론 복제 인간은 줄기세포와는 또다른 여러가지 어려움이 있을 것으로 예상되긴 하지만 앞에서 말한 것처럼 사람의 체세포를 이용한 줄기세포 배양이 성공함으로써 이제 복제 인간의 가능성 또한 매우 높아졌다고 할 수 있다). 이와 같이 아직 해결되지 않은 많은 기술적 문제를 안고 있음에도 불구하고 불과 18개월 만에 사람의 복제를 실현시키겠다는 한 과학자의 공언은 비록 야심에 찬 포부이기는 하지만, 자신의 말에 신중해야 할 과학자로서 기술적 현실을 도외시한 매우 무책임한 말이다. 또한 실험 과정에서 필연적으로 생겨나게 될 적어도 수백 개의 도태된 배아와 태아, 그리고 복제 인간 자치는 물론이려니와 실험 과정에서 발생 가능성이 매우 높은 기형아에 대한 사회윤리 문제 등을 고려하지 않은 경솔한 발상인 것이다. 인류가 만들어 낸 발명품 가운데서도 손꼽히는 발명품 중의 하나인 복사기의 출현은 인쇄 문화에 혁명을 가져옴으로써 인류의 지식이 빠른 속도로 축적하는 데 큰 공헌을 한 것은 주지하는 바이다. 그런데 이제 과학자들이 실험실에서 마치 복사기에서 그림을 복사해 내듯이 사람들을 복제해 내기 시작한다면, 그 결과가 과연 우리에게 어떤 영향을 미치게 될지 현재로써는 아무도 자신 있게 말할 수 없다. 하지만 우리가 복제 인간에 대하여 자신 있게 말할 수 있게 되었을 때는 이미 돌아올 수 없는 다리를 건너고 난 뒤가 될지도 모른다.

우리가 복제 인간을 통해서 얻을 수 있는 의학적 혜택도 분명히 있을 것이다. 그러나 동시에 복제 인간의 출현은 우리로 하여금 생명을 경시하게 하고, 우생학적 개념을 다시 부활시키게 할 뿐만 아니라, 수천 년을 지탱해 온 인류의 가족 구조와 사회도덕 관념을 밑바닥부터

흔들어 놓게 될 것이다. 예를 들어 복제 인간이 만들어지는 사회에서
는 마치 우리가 사무실에서 서류를 복사하다가 잘못된 파본은 아무런
느낌도 없이 쉽사리 그 자리에서 구겨서 쓰레기통에 버리듯이, 복제
인간 한 사람을 죽인다 하여도 지금과 같은 죄의식을 가져야 할 필요
는 없어질지도 모른다. 왜냐하면 그 사람은 필요하다면 언제라도 다
시 만들어 낼 수 있는 복사물과도 같은 존재라는 인식을 사람들이 쉽
게 가질 것이기 때문이다. 복제 인간의 정체성은 또 어떻게 찾을 것인
가? 내 몸의 세포로부터 만들어진 복제 인간을 나는 무엇이라고 부를
것인가? 또 같은 유전 정보를 갖고 있는 복제 인간끼리는 서로 어떤
관계인가? 이 새로운 인간관계를 규정할 가족 제도를 우리는 갖고 있
지 않다.

다행히 사람의 복제는 아직까지 실현되지 않았다. 하지만 기술적으
로 매우 근접해 있는 것은 사실이다. 양의 복제를 통해 볼 때 아직 많
은 기술적 보완을 필요로 하고 있지만 적어도 어떤 큰 벽은 넘은 것이
다. 이제 남은 것은 단지 시간문제인지도 모른다. 자, 과연 사람을 복
제해도 좋은 쩻일까? 우리는 그저 가만히 앉아서 우리의 소중한 미래
를 일부 과학자의 손에 맡기고 있어도 괜찮은 것일까? 우리에게 만약
사람을 복제하는 연구를 진행해도 좋은지의 여부를 묻는 투표를 하라
는 요구가 지금 주어진다면, 우리는 과연 어느 쪽에 손을 들어 줄 것인
가? 미래는 지금 우리의 선택에 달려 있다. 어떤 일을 할 수 있다는 것
이 꼭 그 일을 해야만 하는 것을 의미하지는 않는다. 아무런 조처도 없
이 이대로 방치하면 곧 이어 제2, 제3의 리차드 시드 같은 과학자가

나타나게 될 것이다. 우리의 결정이 시급한 때이다. 여러 사람들의 지
혜가 필요한 때이다.

일곱 쌍둥이의 기적 (1)

사람은 과연 한 번에 얼마나 많은 아기를 낳을 수 있을까? 어리석은 질문 같아 보이지만, 이제는 이 같은 질문을 해도 누구나 쉽게 웃어넘길 수 없게 되었다. 지난 1997년 11월, 미국 아이오와 주의 한 작은 마을에서는 바로 이 같은 질문에 도전이라도 하듯이 일곱 명의 아기가 한 어머니의 뱃속에서 동시에 출생을 한 것이다. 전에도 이런 일이 없었던 것은 아니지만, 이번처럼 일곱 명의 아기가 모두 살아서 태어난 것은 처음 있는 일이라서 세계적인 화젯거리가 되고 있다.

이번에 일곱 쌍둥이를 분만한 바비 맥코히(Bobbi McCaughey) 씨는 배란 촉진제인 메트로딘(metrodin)이라는 약을 복용한 것으로 알려졌는데, 이 약을 복용하면 평상시 포도알 만하던 난소의 크기가 약 10배가량 커져 자몽의 크기 정도가 된다고 한다. 이와 같이 비대해진

일곱 쌍둥이 기사가 실린 *WORLD*(1997. 11)의 표지

난소는 한 번의 배란 주기에 많으면 약 40개까지의 난자를 배출할 수 있다고 하니 그야말로 한 번의 배란으로 대량의 임신을 가능하게 만드는 것이다. 그러나 사람의 자궁은 그 크기에 한계가 있음은 두말할 것도 없다. 현재로서는 사람이 과연 한 번에 몇 명까지 임신할 수 있는지 아무도 자신 있게 말할 수 없지만, 한 가지 확실한 것은 자궁 속에 동시에 임신되는 아기의 수가 증가할수록 그에 비례해서 출산의 위험도 같이 증가한다는 것이다. 가령 세 쌍둥이 이상만 되어도 생후 1년 안에 사망할 확률이 혼자 태어나는 다른 아기에 비해 12배나 더 높다는 것

이다. 뿐만 아니라 이 같은 다량 출산에 의하여 태어난 아기들은 여러 가지 신체적 질병을 갖게 되거나 정신박약아가 될 확률도 매우 높은 것으로 알려져 있다. 이 같은 내재된 위험 속에서도 이번에 출생한 일곱 쌍둥이는 의사들의 예상을 뒤엎을 정도로 건강하다고 하니 이번 일은 가히 기적이라고 불러도 될 만큼 흔치않은 하나의 사건임에 틀림이 없는 것 같다.

그러나 앞으로 이 아이들이 사회 속에서 어떻게 건강하게 자라갈지는 또 다른 문제이다. 태어날 때부터 세상 사람들의 관심을 받았을 뿐만 아니라 성격 형성에 절대적인 영향을 미치는 유년기를 또한 이와 같이 보낸다면, 이들에게서 정상적인 삶을 기대하기가 어렵게 될지도 모른다. 실제로 1934년 캐나다의 작은 시골에서 태어난 다섯 쌍둥이 자매는 출생과 동시에 수년 동안 정부가 고안한 유리방 속에서 하나의 관광 상품으로 전시되는 비운을 겪어야 했고, 그 뒤에도 아버지의 성적 학대를 받는 등 어려운 유년 시절을 겪었다. 결국 그중 두 명의 자매가 일찍 병으로 사망했고, 살아 있는 자매들도 모두 간질 증세를 갖게 되었을 뿐만 아니라 세인의 눈을 피해 은둔 생활을 하는 신세가 되고 말았다. 이와 똑같은 일이 이번에 태어난 아이오와 주의 일곱 쌍둥이에게도 일어나리라고 보기는 어렵지만, 그럼에도 불구하고 각별한 주의가 요망되는 것이 또한 사실이다.

다행히 이들의 부모는 독실한 크리스천이라고 한다. 아이들의 아버지 케니 맥코히(Kenny McCaughey) 씨는 한 인터뷰에서 현재 자신이 갖고 있는 가장 큰 두려움은 이 일이 하나의 세계적인 쇼로 전락하지 않을까 하는 것이며, 자신은 아버지로서 이 아이들을 정상적인 기독교 가정에서 키워야 할 책임이 있음을 밝힌 바 있다. 하나님께서 맥코이 씨 가정에 주신 일곱 쌍둥이의 기적! 어쩌면 이것은 하나님께서 우리 모두에게 주신 책임일지도 모른다. 우리의 어리석음으로 하나님의 선물이 값싼 쇼가 되지 않도록, 그리고 기독교 가정에서 아름답게 커갈 일곱 쌍둥이의 건강을 위하여 우리 모두 같이 기도해야 되지 않을까?

일곱 쌍둥이의 기적 (2)

여러 가지 이유에 의해서 원하는 아기를 갖지 못하는 불임 가정의 경우, 인공 수정을 비롯한 여러 가지 생물학적 기술의 발달은 그야말로 마른 땅에 내리는 단비와도 같이 반가운 소식이 아닐 수 없을 것이다.

하지만 이 같은 기술의 혜택을 통해 아기를 가지려는 시도는 모든 과정을 거쳐 마지막으로 아기를 손에 안기까지 정신적으로나 육체적으로, 그리고 경제적으로도 큰 부담을 감수하지 않으면 안 되는 어려운 일이다. 뿐만 아니라 배란 촉진제를 사용하거나 혹은 인공 수정을 하는 경우 둘 이상의 쌍둥이가 태어날 확률이 매우 높은데, 그 결과 단지 한 아이만을 원하는 부부에게 뜻하지 않는 고민을 안겨 주기도 한다.

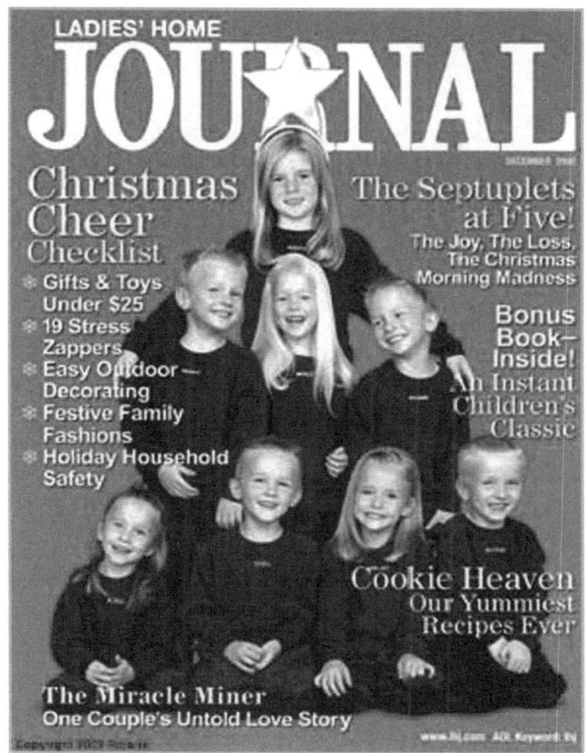

Ladies Home Journal
(2002. 11)의 표지

그런데 놀랍게도 병원에서는 임신된 아이 가운데 원하는 아이의 수만 남기고 나머지 아이는 선택적으로 없앰으로써 이들의 고민을 쉽게 해결해 주고 있다. 이른 바 태아 수 감소(fetal reduction)라는 방법인데, 산모의 복부를 초음파 탐지기로 관찰하면서 없애기 원하는 아이의 가슴에다 기다란 바늘을 꽂아 거기에 치사량의 독극물을 주사하는 것이다. 그러면 태아는 팔다리를 몇 번 흔들다가 멈추면서 숨이 끊어지게 되는 것이다. 이것은 명백한 태아 살해이다. 물론 자궁 속에 태어날 태아의 수가 많으면 많을수록 태아의 건강에 위협이 되는 것은 사실이다. 하지만 그것은 어디까지나 그럴 가능성이 높다는 확률의 문제이지 실제로 모든 경우가 그런 것은 아니다. 더 나아가 설령 태아의 발육 이상이 자궁 내에서 발견되었다 할지라도 우리에게 이같이 의도적으로 태아를 선별 살해할 권리가 있는 것인가? 하물며 단지 뱃속의 태아가 많다는 이유만으로 아무런 이상도 없는 아기를 과연 이같이 선별, 살해할 수 있는 것일까?

지난 1997년 11월에 미국 아이오와 주에서 있었던 일곱 쌍둥이의 기적 속에는 첨단의 의료 기술 속에 가려진 믿음의 승리가 있었다. 임신 중에 이미 초음파 검사를 통하여 일곱 쌍둥이를 갖게 되었다는 사실을 알고 있었던 맥코이 씨 부부는 이들 모두를 하나님의 선물로 받아들였다. 물론 일곱이라는 숫자는 그들이 처음 갖기를 희망했던 아이보다는 훨씬 많은 숫자이었겠지만, 단지 숫자가 많다는 이유만으로 그들 중의 일부를 선별하여 없앤다는 것은 그들이 갖고 있는 독실한 신앙에 비추어 볼 때 상상할 수도 없는 일이었다. 설사 일이 잘못되어 일부 아이가 발육 부전을 겪는 경우라도 그들은 그것을 하나님의 뜻으로 받아들일 준비가 되어 있었다. 이런 아이든 저런 아이든 똑같이 귀한 하나님의 선물이라는 신앙이 그들의 마음 깊은 곳에 자리하고 있었다.

그리고 기적은 일어났다. 일곱 쌍둥이는 모두 건강하게 출생하였을 뿐만 아니라 지난 2002년 11월을 넘기며 만 5살이 되었고 현재 밝은 모습으로 자라고 있다. 비록 우리는 그들을 향한 하나님의 계획이 무엇인지 아직까지는 전혀 알 수 없지만, 한 가지 확실한 것은 그들에게는 이 땅에 사는 동안 어떠한 조건에서도 하나님께서 주신 생명의 고귀함을 누릴 권리가 있다는 사실이다. 생명의 주인이 되신 하나님께는 찬양과 영광을, 결코 쉽지 않은 일을 믿음으로 해낸 맥코이 씨 부부에게는 아낌없는 찬사와 격려를, 그리고 믿음의 가정에서 아름답게 자라갈 일곱 쌍둥이에게는 보이지 않는 곳에서 관심과 기도를 보내야겠다.

"해리포터"와 마술 그리고 창조과학

"영화 '해리포터' 를 보셨습니까?" 동명의 베스트셀러 소설을 원작으로 한 영화 "해리포터와 마법사의 돌"이 2001년 연말에 처음 개봉할 당시 많은 사람들 사이에 큰 화제가 되어 한두 번쯤은 서로 이런 인사를 주고받았던 기억이 있다. 특히 초등학교나 중학교 학령기의 자녀를 가진 분들이라면 자녀들의 등살에 못 이겨 같이 영화를 관람하셨을 분들도 많을 것 같다. 이후 그 2편까지 개봉되어 여전히 세계 극장가의 박스 오피스를 석권하며 그 위력을 과시하였는데 이미 여러 형태의 대중매체를 통해서 '해리포터' 의 내용이나 아이들에 대한 유해성 논란이 많이 보도되었으므로 그 부분에 대해서는 각자 독자의 판단에 맡기기로 하고, 대신 필자는 이 자리에서 작품 '해리포터' 의 중요한 배경과 소재가 되고 있는 '마술' 이라는 것에 대해서

특별히 창조과학을 연구하는 한 과학자로서의 견해를 피력해 보고자
한다.

우선 마술은 과연 사실일까? 각종 오락 시설을 잘 갖춘 테마 파크에
가면 으레 마술쇼를 위한 상설 공연장이 있을 뿐만 아니라 동네나 학
교의 크고 작은 축제가 있을 때에도 마술쇼는 인기 프로그램의 하나이
다. 하지만 이런 종류의 마술쇼는 비록 그 재빠른 마술사의 손놀림에
박수를 보내며 즐거워한다고 할지라도, 모자 속에서 사과를 토끼로 바
꾸어 꺼내는 것이 현실적으로는 불가능한 단지 눈속임에 지나지 않는
다는 것은 어린아이들도 잘 알고 있다. 물론 세계적인 일류 마술사 데
이비드 카퍼필드(David Copperfield)의 마술쇼쯤 되면 그 기술이 매
우 고단수여서 현실과 환영을 분별하기가 쉽지 않을 정도로 수준이 높
아지지만, 그렇다 할지라도 역시 대부분의 사람들은 그것이 단지 고도
로 훈련된 마술사의 눈속임이라는 것을 의심치 않을 것이다. 하지만
'해리포터'에서 보여 주는 마술의 세계는 눈속임의 경지를 넘어서 어
떤 다른 차원의 세계로 사람들을 이끈다. 가로막힌 벽 속으로 사람의
몸이 그대로 통과하는 것이나 빗자루를 타고 공중을 날아다니는 것,
물체를 물리적인 접촉 없이도 움직이는 것, 그리고 투명 담요로 덮어
몸을 보이지 않게 만드는 것 등은 모두가 자연과학의 법칙에 벗어나는
일인데, 이런 일들이 마술이라는 이름 아래 다반사로 행해짐으로 일시
적인 눈가림과는 차원이 다른 어떤 세계의 존재를 은연중에 암시받게
된다. 물론 이 모든 것들이 소설이나 영화적 재미를 위한 가공의 것들
이긴 하지만, 마술사 양성을 위한 학교가 등장하고 연구와 훈련을 통

영화 "해리 포터" 시리즈 1편의 포스터

해서 마술의 경지를 넓혀 간다는 이야기의 기본 전개는 이런 차원의 마술도 가능한 것이 아닌가 하는 의구심을 갖게 하기에 충분하다. 이에 대한 필자의 견해는 '해리포터' 식의 마술도 어느 정도는 가능할 수 있다는 쪽이다.

앞서도 말했듯이 이런 일들은 자연법칙으로는 불가능하며 동네 마술쇼에서와 같이 무대 뒤에서 보이지 않게 돕는 제3자가 있거나 혹은 감추어진 상자나 물체가 존재하는 것이 아니다. 그렇다면 어떻게 그런 일이 가능할 수 있겠는가? 그것은 첫째 고도로 발달된 과학 지식을 갖추어 자연법칙을 위배하지 않으면서도 오히려 자연을 다스려 마술처럼 보이는 현상을 창출해 내는 것이요, 둘째 어떤 영적 존재의 힘을 빌리는 것이다. 사실 오늘날 눈부시게 발달한 과학기술은 마술이 횡행하던 고대나 혹은 중세 시대 사람들의 눈에는 당연히 마술로 보일 것이 틀림없다. 가령 현대인들이 리모컨이나 자동 음성 인식 장치를 통해 직접적인 신체의 접촉이 없이도 전자 제품을 작동시키는 것이나 개인용 비행기를 타고 하늘을 날아오르는 것들을 과학을 모르는 고대의 사람들이 본다면 무엇이라고 하겠는가? 벽 속으로 사람의 몸이 사라지는 것도 영화 "스타트렉(Startrek)"에 나오는 물체 전송 장치 같은 것을 이용하면 될 일이겠지만, 이것은 아직까지는 언제 실현될지 모르는 과학적 허구이다. 과학의 역사는 학자들이 보는 견해에 따라 그 시작점을 정하는 데 차이가 있지만, 소위 오늘날 우리가 알고 있는 '과학'으로서의 과학이 시작한 시점을 갈릴레오와 뉴턴 등에 의해 주도되었던 과학혁명이 일어났던 17세기로 보는 데 대부분 의견을 같이하고 있다. 그러나 모든 일이 그렇듯이 과학혁명 이전에 이미 혁명을 위한 지성적 그리고 기술적 토양이 준비되어 가고 있었음을 지적하는 학자들이 늘고 있다. 파올로 로시(Paolo Rossi) 같은 과학역사 학자는 중세에 횡행했던 연금술 같은 작업들이 어떻게 과학적 지식과 기술의 축적으로 전환되어 갔었는지를 그의 저서 『마술에서 과학으로』에서 잘 보여 주고 있다. 실제로 과학이 발달하기 오래 전에 소위 마술사들에 의해 행해지던 많은 신비로운 행위들이 이제는 과학적 지식에 의하여 더 이상 마술이 아니거나 혹은 그 신비로움을 상실해 버린 것들이 많다.

당시의 그리고 오늘날에도 남아 있는 일부 마술사들은 체계적인 과학 지식도 없이 비록 작게나마 어떻게 자연을 다스리는 효과를 낼 수 있었을까? 물론 그들에게 체계적인 과학 지식이 없음으로 인해 오늘날 우리가 자연의 법칙을 이용하여 얻어 내는 유익과는 수준의 격차가 현격히 크지만, 그들 나름대로의 방법을 갖고 있었던 것은 사실인 것 같다. 물론 일부는 타고난 지혜로 말미암아 체계적인 이론은 갖고 있지 않더라도 어느 정도 자연의 이치를 이용할 수 있었을 수도 있지만, 보다 더 근본적인 마술적 힘의 원천은 아마도 영적 존재에 의탁하여 얻어 낸 초자연적인 것이 아니었나 싶다. 앞서 언급한 '해리포터' 식의 마술도 사실 정도의 차이는 크게 있지만, 이방 종교 의식이나 주술 가운데 영적 존재의 힘을 빌려 지금도 어느 정도 행해지고 있는 사실을 생각해 볼 때 이런 가능성은 충분하다. 이와 비슷하게 요가에서 행하는 공중부양이나 유리겔러 식의 초능력, 혹은 심령술 등의 배후에도 사실은 뒤에서 보이지 않게 작용하는 영적 존재가 있을 수 있다고 주장하는 학자들도 있다. 그런데 하나님의 말씀인 성경은 기회가 있을 때마다 마술이나 무당, 그리고 점성술 등에 대해서 단호하게 사악한 행위로 규정을 짓고 있으며, 이러한 행위의 뒤에는 결국 사탄이 자리하고 있음을 가르치고 있다. 아마 이러한 이유 때문에 기독교계에서 특히 '해리포터'에 대한 경계심을 갖고 있는 것 같다.

결국 마술이라고 하는 것은 그 근본 성격이 사람의 눈을 속인다는 점에서 에덴동산에서부터 최초의 인류인 아담과 하와를 속여 왔던 사탄의 작품일 수밖에 없는지도 모른다. 그러나 하나님께서는 인간에게 지혜를 주시어 과학이라는 열매를 잉태케 하심으로, 혼돈 속에서 질서를 깨닫게 하시고 그분이 설계하신 자연의 원리들을 하나씩 발견케 하심으로써 마술적 눈속임으로부터 벗어날 수 있게 축복하셨다. 그러나 이 같은 축복은 마술적 현상 뒤에 숨어서 역사하는 사탄의 존재를 바로 인식하기 위함이기도 하였는데, 과학적 결과에 교만해진 대다수의 인간은 그만 영적 존재 자체를 부인하는 우를 범하고 모든 것을 물질로만 해석하고 이해하려고 하는 진화론적 인본주의 유물 사상을 낳게 되었으니, 이 또한 과거 마술이 인간을 우매하게 하던 시대와 마찬가지로 또 다른 하나님을 대적하는 사상이 되고 말았다. 이런 점에서 창조과학자들은 과학의 본래의 목적을 회복하기 위해서 부단히 노력하는 자들이다. 마술과 같은 눈속임에 더 이상 무지한 사람들이 현혹되지 않도록 과학적인 답을 찾는 데 노력을 기울일 뿐만 아니라, 그 과학적 발견을 주신 자의 지혜와 솜씨를 찬양하기 즐겨하는 자들이다. 더 나아가 그 마술적 현상 뒤에 숨어 있는 영적 존재를 인정하고 그에 대한 적절한 대응을 성경을 통해 찾기를 마다하지 않는 자들이다. "해리포터"의 상업적 성공을 지켜보면서, 자연의 이치를 밝히 보여 주는 과학시대에 살고 있으면서도 그로 인하여 하나님을 찬양하기는커녕 여전히 영적으로 공허한 그래서 신비적 마술에 시선을 뺏기는 현대인의 참모습을 보는 듯 하였다면, 그것이 단지 필자만의 기우일까?

"A.I." 와 *"혹성탈출"* (1)

로봇도 사랑을 할 수 있는가?

해마다 여름철이면 할리우드의 흥행 대작들이 앞
다투어 선을 보이는데, 지난 2001년 여름 영화계의 최고 화제작을 두
편만 꼽으라면 필자는 *"A. I.*(인공지능)"와 *"혹성탈출(Planet of
Apes)"*을 쉽게 골라 낼 수 있겠다. 이들 두 영화는 각기 나름대로의 독
특한 이야기 소재를 갖고, S.F.적 영화 기법을 한껏 발휘하여 관객들
의 눈요기를 충족시켜 준다는 점에서 공통점이 있으면서도, 또한 인간
의 존재에 대한 근본적인 질문을 서로 다른 각도에서 던지고 있다는
점에서 흥미롭다. 필자는 이 자리에서 이들 각각의 영화가 우리에게
던지는 메시지에 대해서 특히 성경적 입장과 관련지어 생각해 보고자
한다.

"*A.I.*"는 당초 예상과는 달리 흥행에는 다소 저조함을 보였지만 영화계에서는 하나의 고전으로 기록될 만한 영화로 평가하고 있는데, 흥행의 귀재라는 스티븐 스필버그가 감독을 하고 얼마 전에 타계한 할리우드의 거장 스탠리 큐브릭(Stanley Kubrick)의 입김을 받아 서로 다른 두 사람의 스타일이 합쳐져 만들어진 영화라는 점에서 처음부터 큰 화제가 되었다. 뿐만 아니라 이미 "The Sixth Sense(식스센스)"에서 천부적인 연기 능력을 인정받은 바 있는 당시 나이 12세의 할리 조엘 오스먼트(Haley Joel Osment) 군이 로봇으로 출연한다는 것도 큰 관심이 될 만한 일이었다. 하지만 이 영화가 필자에게 더 관심을 끌었던 이유는 인공지능이란 것을 소재로 삼아 전개되는 영화의 줄거리와 그것이 전해 주는 메시지 속에 있었다.

때는 미래의 어느 한 때, 지구는 이제 온난화로 인한 해수면의 상승으로 말미암아 뉴욕을 비롯한 많은 도시가 물에 잠기게 되고, 살아남은 사람들은 로봇을 만들어 생활의 편리함을 추구하지만 동시에 로봇을 잘 관리해야 하는 일이 사회의 한 문제로 떠오른다. 한편 불치의 병을 앓고 있는 하나밖에 없는 아들을 치료할 방법이 없어 냉동 인간으로 저장해 놓고 슬픔에 잠겨있는 어느 한 가정에, 사람을 사랑할 수 있도록 프로그래밍 된 인공지능을 가진 한 소년 로봇이 입양해 온다. 그러나 그의 새 부모들이 이 로봇에 적응되어 갈 때쯤 그들의 진짜 아들이 새로운 치료 기술의 개발로 살아 돌아온다. 그 집의 진짜 아들과 같은 또래의 아이들로부터 놀림과 괴롭힘을 당하던 로봇은 마침내 새어머니로부터도 오해를 받아 숲 속에 버려지고 마는 운명에 놓인다. 이

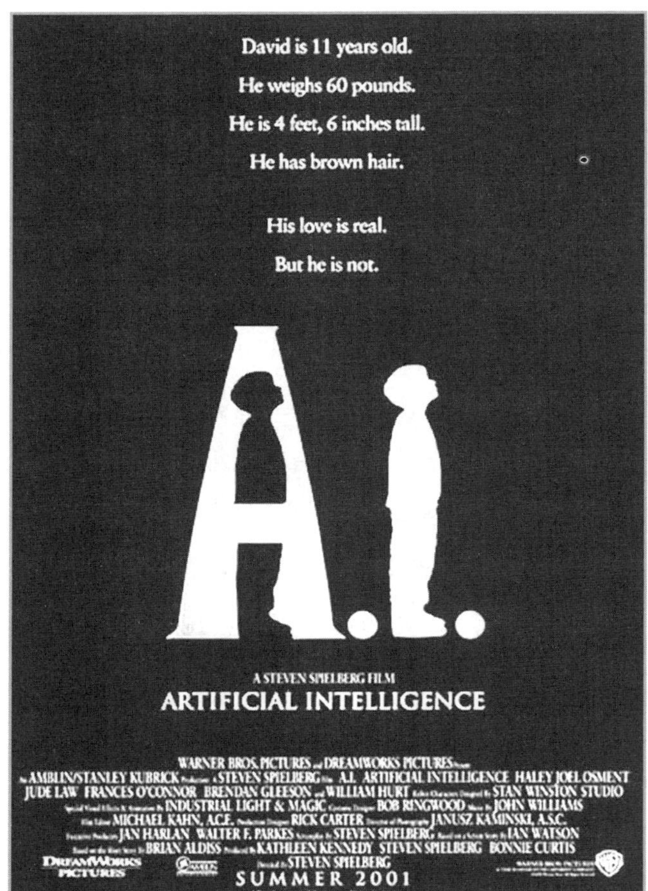

스티븐 스필
버그 감독의
화제작 "A. I."
의 포스터

제 그곳으로부터 전혀 다른 세상을 경험하며 수많은 우여곡절을 겪은
끝에 로봇은 자신이 조립되어 만들어 졌던 뉴욕의 한 연구실까지 다다
르게 되나, 그의 꿈은 오로지 어머니에게로 돌아가 사랑을 받는 것이
어서 물속에 잠긴 뉴욕의 바닥 한 구석에서 어렵사리 찾아 낸 동화 속

요정에게 자신의 몸속 에너지가 다 없어질 때까지 소원을 빌며 그곳에 남게 된다. 후에 세월은 다시 흘러 지구는 빙하기를 맞게 되고 사람들은 모두 다 없어진 때에 지구를 찾은 외계인들에 의해 이 로봇이 발견되는데, 그의 인공지능 속에 남아 있는 기억을 통해 과거 지구에 살고 있던 사람들의 생활을 어렴풋이나마 알게 된 외계인들은 이제 그들의 발달된 기술로 마침내 이 로봇의 꿈인 어머니를 단 하루 동안만 만나게 해 준다.

어떻게 보면 황당한 내용으로 생각할 수 있는 부분이 많은 것도 사실이지만 일부는 멀지 않은 장래에 우리 눈앞에 현실로 다가올 수도 있는 가능성을 갖고 있었다. 지구의 온난화로 인하여 극지방의 얼음이 녹으면 지구의 해수면이 올라가 일부 도시가 물에 잠기게 될 것이라는 설정은 과학자들 사이에 심심치 않게 오가던 이야기이다. 또한 현재 로봇에 관한 기술도 점점 많이 발전하고 있는 추세인데다가 최근 10년 사이에 엄청나게 지식을 축적해 오고 있는 신경과학과의 접목을 통해서 사람의 인지 기능을 흉내 낼 수 있는 로봇을 만들기 위한 부단한 노력이 진행되고 있음을 알고 있다. 하지만 과연 영화에서 묘사하고 있듯이 로봇도 사랑을 할 수 있는 것인지, 그리고 어떤 일을 하고 싶다는 소망 내지는 꿈까지도 로봇이 가질 수 있게 될 것인지 등에 관해서는 선뜻 받아들이기가 어려웠다. 그것은 기술적인 문제뿐만 아니라 인간이 가지고 있는 소위 '자유의지(Free Will)'라는 개념에 대한 문제 때문이다. 우리가 잘 알고 있듯이 로봇은 사람이 설계한 프로그램대로 움직일 수밖에 없는 한계를 가지고 있으나, 인간은 하나님께서 설계하신 유전자적 프로그램 외에 하나님과 교제할 수 있는 영을 소유한 영적 존재일 뿐만 아니라 하나님께서 주신 자유의지를 갖고 있다는 점이다. 사실 우리가 사랑을 하는 것은 본능적인 끌림에 의해서도 어느 정도 시작이 가능하지만, 보다 더 근본적인 동인과 이를 지속시켜 나가는 힘은 바로 이 자유의지를 사용하는 인간의 소위 '의지적'인 힘에서 기인한다. 특히 이성의 매력에 끌려서 사랑의 감정을 갖는 경우보다도 도저히 사랑할 수 없는 사람을 사랑하는 기독교적인 사랑의 실천에 있어서 우리의 의지와 영적인 부분의 역할이 더욱 분명해지는데, 이 부분에 있어 아무리 과학이 발전하더라도 그래서 로봇이 사랑을 흉내 낼 수 있게 되더라도 사람이 하는 기독교적 차원의 사랑을 하기는 어려울 것이라는 생각이 들었다.

사실 '로봇이 사랑을 할 수 있는가' 하는 식의 주제는 '인간이 무엇이며 영혼이나 의식은 무엇인가' 하는 주제와 밀접한 관계를 갖고 있어 다루기에 결코 쉽지만은 않은 내용이고 따라서 많은 사람들이 이런 내용의 대화를 즐겨 하지는 않을 것이라 생각되지만, 현대 신경과학은 벌써 이런 문제에 대해서 과학적인 해석을 하기 위한 접근을 시도하기 시작한 지 오래이다. DNA 구조의 발견으로 노벨상을 수상한 바 있는 프랜시스 크릭(Francis Crick)은 1994년 그의 저서 『놀라운 가설』에서 인간의 영혼—참고로 그가 여기서 말하는 영혼은 실제로는 혼(soul)이고 필자는 혼(soul)과 영(spirit)을 구분하여 이해하고 있음—에 대한 물질적 해석을 시도하고 있으며, 스티븐 핑거(Steven Pinker: MIT 교수) 같은 이는 인간만이 갖고 있는 언어의 기원을 진

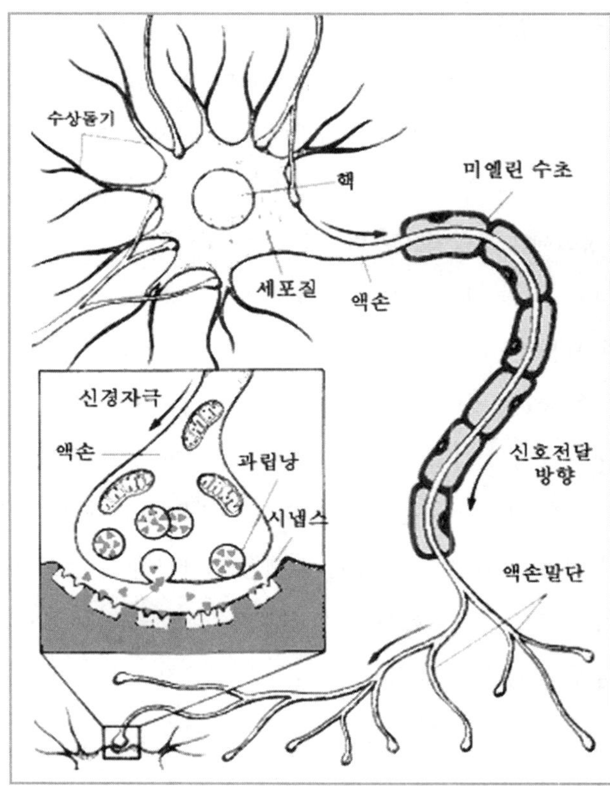

사람의 뇌에 있는 신경세포와 신경 말단에서 분비되는 신경 전달 물질을 보여 주는 그림

화론적으로 해석하여 동물로부터—결국은 물질로부터—인간의 언어에 대한 제반 답을 찾으려 애쓰고 있다. 인간의 뇌에 대한 지식이 늘어나면서 인간의 정신 활동을 또한 뇌라고 하는 물질세계로 귀착시켜 이해하려고 하는 것은 어쩌면 당연한 귀결일지도 모른다. 사실 과거에는 잘 몰라서 막연히 정신적인 문제로만 여겼던 일들을 이제는 뇌의 구조와 그 안에서 작용하는 신경 전달 물질의 화학 반응을 통해서 그 원인

을 보다 잘 설명하는 경우가 점점 많아지고 있다. 그러나 그렇다고 해서 정신적인 영역이 전혀 없다는 이야기는 아니다. 오히려 과거에는 피상적으로 알았던 인간의 정신세계도 물질에 대한 지식을 통해 보다더 잘 이해하게 되었다는 게 올바른 결론일 것이다. 여기서 우리는 과연 어디까지를 정신세계의 영역으로 봐야 하는지를 잘 정의해야 할 필요가 있다. 앞서도 이야기했듯이 우리의 정신 활동은 뇌라고 하는 물질을 통해서 나타나고 있기는 하나, 뇌의 화학 작용으로만 설명하기 어려운 영역이 존재하는 것도 엄연한 사실이다. 성경은 우리가 육과 혼과 영으로 구성되어 있다고 여러 군데에서 말하고 있으며(살전 5:23; 히 4:12), 또한 우리가 죽은 후에는 영이 분리되어 하나님께로 가든지 혹은 지옥으로 가서 마지막 심판의 때를 기다리게 될 것이기 때문에(전 12:7; 눅 16:19-31; 살전 4:16-17; 계 20:13-15), 오히려 영을 살리는 일에 관심을 가질 것을 우리에게 가르치고 있다(고전 5:5; 벧전 4:6). 그렇다면 비물질적 존재인 영이야말로 뇌의 과학적 연구만으로는 알 수 없는 인간의 정신 활동의 한 부분이 될 것이고 그 외의 혼과 육은 궁극적으로는 물질로 귀착될 수 있는 성질의 것이나, 다만 혼의 경우 물질의 특이한 구성과 연결을 통해 정신적 활동을 나타내는 것으로 이해될 수 있을 것이다.

스필버그와 큐브릭은 그들의 영화에서 유기체(orga)와 기계체(mecha)의 한계를 인식하고 오히려 그 한계를 그것들의 접목으로 극복하려는 시도를 하고 있는 것 같다. 어쩌면 이것은 하나님을 떠난 인류 지성이 과학 문명 발달의 최고점에서 발견하는 인간의 실존적 한계에 대한 깊은 자각에서 나오는 우화 같은 이야기인지도 모르겠다. 그들은 결국 이야기의 종말을 하나님께서 아닌 외계인이라는 가상적 존재를 끌어 들임으로 끝내고 있어 많은 아쉬움과 씁쓸한 뒷맛을 갖게 하는데, 그러면 과연 외계인은 존재하는 것인가? (이 주제에 대한 필자의 견해는 다음 장에 이어진다.)

*"A.I."*와 "혹성탈출" (2)

외계인은 과연 존재하는가?

외계인을 소재로 한 영화가 할리우드의 중요한 단골 메뉴가 된 지는 이미 오래이다. 영화사상 공전의 히트 기록을 갖고 있는 유명한 "스타워즈(*Star Wars*)" 시리즈를 비롯해서 1996년의 "인디펜던스데이(*Independence Day*)" 1997년의 "맨인블랙(*Men in Black*)" 그리고 2001년의 "혹성탈출(*Planet of Apes*)"에 이르기까지 거의 해마다 외계인을 소재로 한 영화들이 박스 오피스를 석권해 오고 있다. 영화란 어디까지나 인간의 상상력을 최대한 사실감 있게 시각적으로 표현하여 우리에게 재미를 제공해 주는 종합 예술로서의 가치가 있는 것이므로, 극장 문을 나서는 순간 영화 속의 허구와 우리가 살고 있는 현실세계와의 차이점을 바로 인식하고 영화를 그저 영화로서만

2001년 팀 버튼이 새롭게 해석하여 화제가 되었던 경화 "혹성탈출"의 포스터

즐길 수 있다면 별 문제가 될 것도 없을 것 같은데, 사실은 영화와 같은 대중매체가 우리의 삶의 가치관에 미치는 영향은 보기보다 훨씬 심각하다. 아무리 그것이 영화 속의 허구라고 의식적으로는 이해를 하더라도 영화 속의 그 허구적인 내용이 사람들의 잠재의식 속에 깊게 스며들어 그런 것들이 실제로 일어날 수 있을 것 같다는 생각들을 무의식적으로 갖게 된다. 특히 최근 몇 년간 할리우드가 내놓은 외계인을 소재로 한 영화들은, TV의 인기 시리즈 "엑스 파일(*X-File*)" 식으로 정부가 지구상에 이미 와서 우리와 같이 살고 있는 외계인의 존재를 은폐하고 있다는 식의 이야기를 그리고 있어 많은 사람들로 하여금 외계인이 실제로 존재할 수 있을 것 같다는 생각을 더욱 쉽게 갖게 한다.

외계인의 존재에 대한 인류의 생각은 사실 인류의 역사만큼이나 오래된 이야기이다. 과거에 과학이 발달되지 않았던 때에 사람들은 하늘의 수많은 별들을 바라보면서 그곳에 살고 있을 어떤 지성체의 모습을 여러 가지로 상상해 보곤 하였을 것이다. 그러나 그들이 생각한 지성체는 오히려 천사나 신화에 나오는 인물들의 모습과 가까웠지 오늘날 우리가 생각하는 외계인들의 모습과는 판이하게 달랐다. 유명한 정신분석 심리학자 칼 융은 그래서 UFO를 하나의 '현대적 신화'라고 불렀다. 즉, 과학시대에 사는 현대인들은 외계인이 있다면 틀림없이 우리와 같은 발전된 과학 문명을 갖추었을 뿐만 아니라 우주선을 타고 지구를 찾아 올 만큼 고도의 앞선 과학기술을 갖고 있을 것으로 생각한다는 것이다. 이것은 매우 중요한 지적인데, 칼 융은 정신분석 학자답게 UFO—혹은 외계인—가 하나의 정신적—혹은 영적— 현상일 수도 있음을 간파하였다는 것이다. 과연 UFO의 정체는 무엇인가? 외계인의 존재에 대한 질문은 먼저 UFO의 정체를 이해하는 것과 아주 밀접한 관계가 있다.

1947년 미국의 케네스 아놀드(Kenneth Arnold)가 UFO를 관찰했다는 보고가 신문에 난 이후로 지금까지 수백 만에 달하는 UFO의 목격담이 전 세계적으로 보고된 바 있다. 그러나 대부분의 UFO연구가들은 그중의 약 5퍼센트 정도만이 비교적

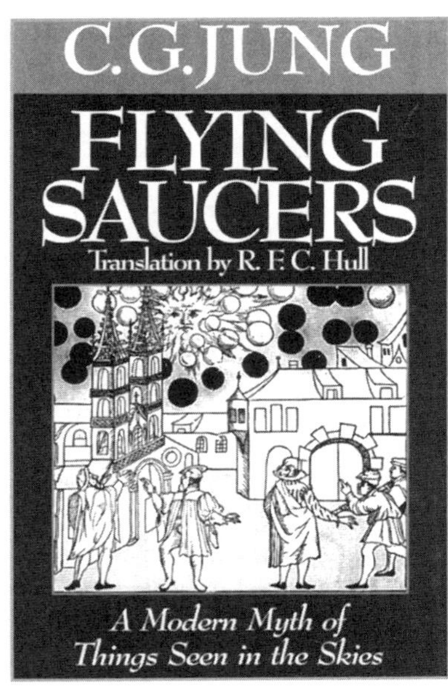

유명한 정신의학자 칼 융이 기술한 UFO 신화에 대한 책 표지

신뢰할 만한 이야기로 받아들이고 있다. 여기서 주목해야 할 사실은 이 5퍼센트—수천에서 수만 건에 이르는 많은 숫자임—에 해당하는 UFO 목격담의 진위 여부이다. UFO를 독격했다는 이들은 비행기 조종사를 비롯하여 다양한 배경의 사람들로 이루어졌으며 때로는 외계인과의 직접 접촉을 인하여 생긴 것으로 여겨질 수 있는 물리적 흔적을 몸에 갖고 있기도 하여, 이들의 주장은 단순히 환상을 본 것 정도로 치부할 수는 없을 근거가 너무도 많은 것이 사실이다. 결론적으로 이들과 이들이 보았다는 UFO를 면밀히 연구해 본 많은 학자—그중에는 하버드대학의 정신의학자이며 퓰리쳐상을 수상하기도 한 바 있는 존 마크(John Mack) 같은 이도 포함됨—들은 UFO는 사실이라고 주장하고 있다.

UFO가 존재하는 것이 사실이라면 외계인도 존재하며 따라서 지금 이 순간에도 이 땅의 어딘가를 활브하고 있다는 이야기인가? 과연 "*X-Files*"의 내용과도 같이 정부는 지금까지 이 모든 사실들을 숨겨 오고 있었을까? 그런데 우선 한 가지 이해가 안 되는 것은 만약 정부가 지구상에 도착한 UFO와 그 안에 타고 있던 외계인을 알고 있다면 왜 아직도 천문학적인 연구 자금을 우주의 연구와 우주에 있을 법한 외계 지성체를 찾는 데 쏟아 붓고 있을까? 이미 지구에 와 있는 외계인에게 정보를 구하는 것이 더 쉬운 일이지 않을까? 문제는 여기에 있다. 여러 가지 증거들과 정황으로 보아 UFO의 존재가 설령 사실이라 할지라도, 문제는 그 UFO가 과연 사람들이 생각하듯이 정말로 외계인이 타고 온 우주선인가 하는 것이다. 그런데 흥미로운 사실은 UFO

를 경험한 사람들의 체험이 마치 영매나 주술을 많이 이용하는 여러 가지 사교(cult)의 종교 체험과 매우 흡사한 점이 많다는 것이다. 뿐만 아니라 UFO를 경험했다는 사람들의 대부분이 반기독교적인 성향을 띠거나 자기들 나름대로의 소위 'UFO 종교'를 통해 종교성을 나타내기 시작한다는 것이다. 그 외에도 외계인에게 끌려갔다가 살아 돌아왔다는 사람들에게 나타나는 여러 가지 육체적 및 정신적 증상들이 소위 귀신들린 사람들이 나타내는 여러 증상들과 매우 흡사한 점들은, 어쩌면 UFO는 하나의 영적 현상일 수 있음을 보여 주는 매우 강력한 증거들이다. 여기서 우리는 다음과 같은 잠정적 결론을 내릴 수 있다. "UFO와 그 안에 타고 있는 외계인을 목격했다는 사람들의 주장은 사실일 수 있으며, 그러나 그들이 본 것은 실제 외계인이나 그들의 우주선이 아니라 사실은 위장된 모습으로 나타난 영적 존재, 즉 타락한 천사들일 가능성이 매우 높다."

지구상에 출현하는 UFO가 공중 권세 잡은 자(엡 2:2)와 하늘에 있는 악의 영들(엡 6:12)의 눈속임에 지나지 않는다면, 과연 수많은 별들이 존재하는 그 넓은 우주에는 혹시 어떤 지성체가 존재할 가능성은 없겠는가? 코넬대학의 천문학과 교수를 지낸 바 있는 드레이크(Drake)는 자신의 이름을 딴 소위 '드레이크 방정식'을 제안하여 우리가 살고 있는 은하계 내의 지적 문명체의 숫자를 공식화한 적이 있는데, 이 공식을 자세히 보면 여러 가지의 가정이 연속적으로 이루어져야만 비로소 문명체가 존재할 수 있음을 알 수 있을 뿐만 아니라 그중에서도 생명이 탄생할 수 있는 적당한 환경을 가진 행성이 있어야 하고 그 안에서 생명이 우연 발생할 확률을 곱하여 주게 되어 있는 것들을 통해 바로 진화론적 가설이 전제 되어 있음을 잘 알 수 있다. 그러나 우리가 이제 보다 많은 연구를 통해 더 잘 알고 있듯이 이 지구상에 있는 생명체는 저절로 진화되어 온 것이 아니다. 뿐만 아니라 이 우주에 그렇게 많은 별이 있다고 하더라도 우리가 사는 지구와 같이 생명체가 살기에 완벽한 조건을 갖춘 별은 이제까지 발견된 적이 없다. 이렇게 완벽한 조건을 갖춘 지구에서조차 생명체가 저절로 진화되어 나온 것이 아니라면, 우주에 수많은 별이 있다고 하여도 단순히 그렇기 때문에 어떤 문명을 가진 외계인이 존재할 것이라고 믿는 것은 별로 타당성이 없는 것 같다. 더군다나 성경은 하나님께서 천지를 지으실 때에 지구를 먼저 지으시고(창 1:1), 모든 우주의 별은 그보다 뒤인 넷째 날에 지으셨다(창 1:14-19)고 기록하고 있어 별들의 나이가 매우 젊음을 가르쳐 주고 있다. 잘 아는 것처럼 모든 질서 있는 것의 기원을 우연한 확률에 의존하는 진화론은 절대적으로 오랜 세월을 필요로 하고 있다. 따라서 성경적으로 보아도 우주에 다른 지적 생명체가 진화되었을 것이라는 발상은 받아들이기가 어렵다.

2001년 여름의 흥행작 "혹성탈출"은 과거 1968년의 히트작이었던 동명 영화를 팀 버튼(Tim Burton) 감독이 새롭게 해석한 영화였지만, 진화론적 발상에 근거하여 우주의 어느 한 별에 진화된 원숭이들이 오히려 사람들을 노예로 부린다는 허무맹랑한 이야기는 30년이 지난 지금에도 여전히 바뀌지 않은 채 묘사되고 있어 씁쓸한 여운을 남게 했다. 외계인을 등장시켜 마무리를 지은 스필버그의 "A.I."나, 어렵사리 원숭이 혹성을 탈출하여 지구로 귀환한 주인공을 기다리고 있는 것은 다시 또 원숭이들에 의하여 정복당한 지구라는 팀 버튼 식의 "혹성탈출"이나, 모두가 우리의 참 과거의 역사와 다가올 미래에 대한 모습을 비성서적인 왜곡으로 일관하고 있어 하나님을 떠난 인간의 한계를 보는 것과 같은 안타까운 마음이 들었다. 오직 참 역사에 입각한 바른 세계관만이 이 세상의 흐름을 바로 읽을 수 있는 지혜를 줄 것이다. 우리는 이 세대를 본받지 말고 오직 마음을 새롭게 함으로 변화를 받아 하나님의 온전하신 뜻이 무엇인지 분별하는 자가 되어야겠다(롬 12:1).

성경으로 돌아가자!

그것은 문자 그대로 엄청난 충격이었다. 그리고 2001년 9월 11일은 역사상 잊을 수 없는 한 날이 되었다. 세계의 그 어떤 군사적 공격의 위협으로부터 가장 안전하다고 믿어 왔던 미국의 영토 내에서, 테러범들이 자그마치 네 대의 민간 여객기를 동시에 납치하여 세계 경제의 중심부라 할 수 있는 뉴욕의 세계무역센터와 미국 국방부에 자살 충돌을 한 전대미문의 가공할 테러 사건은 그야말로 세계를 경악시키기에 모자람이 없었다. 순식간에 수천 명에 달하는 인명 피해와 함께 무너진 미국의 자존심은, 미국 국민들 사이에 테러범에 대한 무력 보복의 공감대를 급속도로 형성하며, 세계 정세 또한 예측 불허의 상황으로 바뀌게 하였다. 한편 엄청난 사건의 긴박한 상황이 연일 보도되는 가운데, 매스컴들은 "도대체 왜?"라는 질문에 대한 냉

세계를 놀라게 한 9 · 11 테러 사건의 실제 현장 모습

정하면서도 다양한 분석들을 소개하기에 분주했다. 정말 이 사건은 도대체 왜 일어난 것 일까?

먼저 여기서 한 가지 우리가 분명히 짚고 넘어가야 할 일은 역사의 주인은 하나님이시라는 사실이다. 그렇다면 이번과 같이 세계가 놀랄 이런 사건에도 하나님께서는 주관하고 계시는가? 물론이다. 이번 사건뿐만 아니라 과거의 인류사에 나타난 모든 비극의 현장에도 하나님께서는 함께 하셨다. 구약의 이스라엘의 역사를 보라. 그 모든 침략과 고통의 이스라엘 역사 속에 하나님께서는 친히 관여하고 계시지 않은가? 저 유명한 나치의 포로 수용소에서 유대인이 대학살을 당할 때에도 하나님께서는 물론 함께 계셨다. 그렇기에 그들은 희망을 버리지 않고 끝내는 1948년 이스라엘을 재건하게 된 것이 아니겠는가? 이번에 테러를 당한 뉴욕 시는 유대인이 많이 살고 있을 뿐만 아니라, 명실공히 세계 부의 중심지로서 역시 세계 금융과 재계에서 큰 영향력을 행세해 온 유대인 자금의 큰 거점과도 같은 역할을 하던 곳이다. 그러나 유대인을 떠나서라도 수천 명의 무고한 시민이 졸지에 목숨을 잃는 그 참극의 현장에도 역시 하나님께서는 눈감고 계시지 않으셨음에 틀림이 없다. 우리에게 보다 더 중요한 질문은 단순한 "도대체 왜?"가 아니라 "하나님은 도대체 왜?"로 바뀌어야 할 것이다.

사실 역사의 모든 사건에는 하나님께서 그 사건을 통해서 우리에게 주시고자 하는 교훈이 있다. 예수님이 이 땅에 계실 당시에 한번은 실로암에 세워 둔 망대가 무너진 일이 있었다. 이 일로 18명이나 되는 사람들이 죽게 되었는데, 예수님께서는 이들이 다른 사람들보다 죄가 더 많아서 사고를 당한 것이 아니라, 다른 사람들에게 회개를 촉구하기 위한 하나님의 섭리 가운데에서 사고를 당한 것임을 분명히 하셨다(눅 13:4-5). 이번에 뉴욕에서 일어난 테러 사건을 통해서 하나님께서 우리에게 주시고자 하는 교훈도 어쩌면 우리로 하여금 다시금 하나님에게로 눈을 돌리게 하시려는 큰 뜻이 있는 것일지도 모른다. 미국의 부시(G. W Bush) 대통령은 사건이 일어난 지 3일째 되는 날을 전국의 기도일로 선포하여 잠시나마 전 국민에게 하나님의 존재를 상기시키고 그분께 기도로 호소하는 시간을 국가적인 차원에서 마련하였다. 물론 이 일로 인하여 모든 사람이 자신들이 모르거나 잊고 있던 하나님

테러 사건은 우리로 하여금 하나님의 말씀인 성경을 다시 생각하게 한다

을 다시 찾으리라고 기대하기는 어렵다. 하지만 많은 사람들은 이 일로 인하여 오히려 하나님을 만나는 기적을 경험할지도 모른다. 하나님께서 정말 이 충격적인 사건을 통해서 우리에게 어떤 교훈을 주시려고 하는지에 대해서는, 사건을 접하는 개개인의 상황에 따라 매우 다양한 반응이 나올 수 있을 것이다. 하지만 이 시대를 살고 있는 우리 모두에

게 공통적으로 다가오는 한 가지 분명한 메시지는 우리의 삶과 신앙생활에 대한 회개의 촉구임은 분명하다는 것이다.

본래 기독교 국가로 출발한 미국이지만, 세계 제일의 부국으로 하나님의 축복을 받는 동안 하나님에 대한 그들의 신앙은 지극히 피상적으로 바뀌었고 교회는 형식적인 장소로 변하였다. 공립 학교에서 기도 시간이 사라진 지 오래이고, 진화론적 인본주의와 동양의 신비주의적 이방 종교에 영향을 받은 뉴 에이지적 세계관이 기존의 기독교적 가치관을 대치하려 하고 있다. 각 분야의 학문에서 세계의 중심지가 되어 버린 미국에서는 성경 또한 하나님의 말씀으로 보기보다는 오류가 가득한 세속적인 고전의 하나 정도로부에 취급하지 않는 학문의 득세로 말미암아, 말씀이 갖는 절대성의 권위의 상실과 함께 하나님을 믿는 그리스도인들조차도 여러 가지 사회 문제에 강한 기독교적 영향력을 상실한 채 살아가게 되었다. 물론 아직도 미국 내에는 그 어느 나라보다도 복음적인 그리스도인이 사회의 곳곳에서 기독 정신을 발휘하고 있는 것이 사실이긴 하지만, 과거에 비해서 그 숫자는 상대적으로 줄어들고 있다. 급속도로 발전하는 과학은 미국에 부를 가져다주었지만, 동시에 하나님 없이도 이 땅에 유토피아를 만들 수 있을 것 같다는 환상을 그들에게 주었는지도 모른다. 뉴욕의 충격은 우리에게 이 모든 것들이 한 순간에 무너질 수 있다는 자각을 주기에 충분하였고, 동시에 우리의 나약함을 절감케 하였다.

국제무대에서도 미국은 결코 호의적인 상대국만은 아니다. 자국의 이익을 위해서는 전쟁도 마다하지 않는 반면, 이익이 없을 때는 냉정하게 외면하며 돌아서는 게 다른 나라가 바라보는 미국의 모습이기도 하다. 이번 뉴욕의 테러 사건의 배후로 지목된 아랍계의 빈 라덴은 별다른 정치적 이유도 없이 오랫동안 쌓여 온 미국에 대한 적대 감정을 그들의 종교와 연관을 시켜 하나의 '성전(Holy War)'으로 미국에 대항하는 모습을 보여 주었다. 중동 아랍계의 반미 감정은 그 골이 매우 깊어서 어떤 사건이 발생할 때마다 겉으로 드러난 그 표면적인 모습만으로는 사건 자체를 이해하기 힘든 구석이 있을 정도다. 미국과 아랍 그리고 이스라엘이라는 3각 관계의 구도 속에서 그들의 지나 온 역사를 함께 보아야만 비교적 정확한 사건의 이해를 할 수 있는데, 여기에서 성경은 이들의 활동을 이해하는 데 매우 중요한 열쇠가 되고 있다. 잘 아는 대로 아랍인들은 본래 성경에 나오는 아브라함의 서자였던 이스마엘의 자손들로써, 그들은 모든 사람들과 대적하게 될 것이라고 예언되어 있다(창 16:11-12). 실제로 오늘날 중동은 석유의 보고로서 세계 열강들의 각축장이 될 뿐만 아니라, 이스라엘과의 오랜 종교 다툼으로 항상 세계의 화약고가 되어 왔다. 아랍인들이 갖고 있는 이슬람교는 예수 그리스도의 신성을 부인하고 유대교와 기독교 그리고 여러 이방의 신비 종교를 혼합하여 7세기에 마호메트가 창시한 세계적으로 매우 영향력 있는 종교이다. 역시 같은 아랍권이면서 과거 바벨론 제국으로 큰 번영을 누렸던 이라크를 중심으로 새로운 바벨론 제국을 건설하려는 움직임이 있는 것은 성경에 나타난 여러 예언에 비추어 볼 때 매우 시사성이 있는 부분이다. 이번에 빈 라덴(Bin Laden) 등이 이끄는 회교 열성 집단의 테러가 바벨론 제국이라는 큰 성경의 예언(계

17, 18장 참조)과 어떻게 맞물려 들어가게 될지는 아직 미지수이지만, 우리는 그 어느 때보다도 성경에 초점을 맞추고 시대의 상황을 파악해 가는 지혜가 필요한 때에 살고 있다.

성경은 하나님의 말씀을 하나님의 영감을 입은 사람들이 받아 기록해 놓은 책이다(딤후 3:16). 모든 역사적 자료와 고고학적인 유물의 발굴, 그리고 자연과학적 지식의 발견은 성경과 상치되지 않고 오히려 성경을 뒷받침한다. 더 나아가서 성경에 기록된 예언은 성경이 하나님의 말씀인가를 시험하는 잣대의 역할을 충분히 할 수 있다. 이미 성취된 성경의 예언들을 보라. 그것이 하나님의 말씀이 아니라면, 어떻게 한 치의 오차도 없이 성경의 예언들이 성취될 수 있었겠는가? 창조과학은 일차적으로 창조의 과학적 사실을 중심으로 하나님께서 조물주임을 증거하면서 우리로 하여금 그의 말씀에 귀 기울일 수 있는 마음의 밭을 준비시킨다. 그러나 궁극적으로는 한 걸음 더 나아가 성경 전체가 하나님의 말씀임을 증거하는 일에 도구로 사용되기를 원한다. 이번 사건을 계기로 우리 모두가 성경을 진정 하나님의 말씀으로 새롭게 보기를 원한다. 급박하게 돌아가는 세계 정세를 바로 이해할 수 있는 유일한 길은 성경의 예언을 통해서이다. 그리고 그 예언은 오직 하나님만이 미리 말씀하실 수 있고 그분만이 성취하실 수 있다. 우리 모두 나를 먼저 회개하고 성경으로 돌아가자. 그것만이 우리가 살 길이다.